世界最準
愛情占星術

透過星圖揭開每個人羅曼史的秘密

新序

一切都剛剛好，剛剛好是當下我們所需要的。

十一月，在我意識消融前，接到前東家出版社秀珍的電話，於是這本書才有機會在【達摩一掌經】出版後的14年付梓，與讀者再續舊緣。為此心意，特別把親密關係中重要的婚神星⚵ Juno增寫進來。

如圖，我的上升在天蠍座，而且海王星座於1宮命宮，所以早在生命早期，高一時便藉由書本自學血型、星座，開啟我的生命探索之旅。猶記得學校書本內頁的空白處，無一不被我「感興趣的人物」有關他們的這些數字、靈數、血型、星座寫滿。我常常待在這些非現實能量的世界中，而且探索有成。

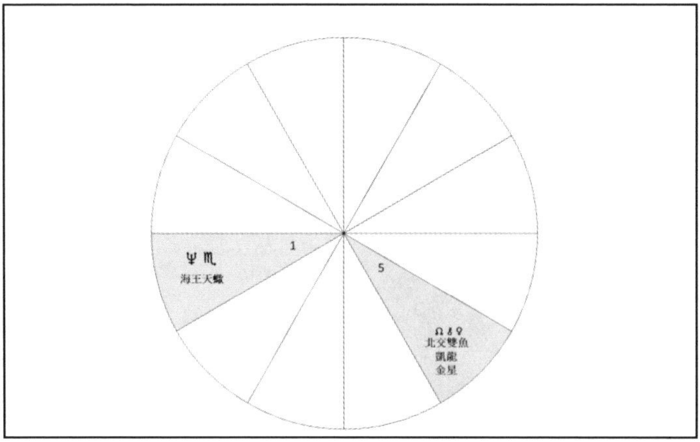

【新序】

後來北漂讀書，自學校畢業後不久，便進入南山人壽從事壽險行銷業務至今快30年的生涯。我總能不費吹灰之力把整個辦公室裡百來的同事星座記住，甚至能記得那些走得親近點的同事的整個星圖，經久不忘。常有機會聽著同事間談論某些人時，我的腦袋總是立馬調出他們的星座，順道開始研究，一來工作之餘變得很有趣，二來在職場上不會落入是非，較能以客觀來看人而不是依我個人的喜好感覺。

之後幾年，在累積接觸近千位大量的客戶生命故事後，期間因小學同學櫻娟在報社工作的機緣，寫了長達一年多的免費捷運報，發表我研究成精的「生命密碼」密數。這個寫作發表的歷練，同時把我多年的研究心得整理成冊，奠定一些文字基礎。

在長達30年的業務生涯中，這些生命隱學為我展現出它可以如何幫助人們在人生實境裡以更大的視野理解靈魂安排的善意。

後期的熱情更驅使我投入800多小時，師從韓良露老師，從頭專注學習整個系統性的占星學。重新為我一生的業餘占星研究，墊定無比紮實的知識基礎。雖然韓老師幾年前不幸生病仙逝，然而那齊聚3年無間斷的學習時光，遂醞釀成我生命裡的楊枝甘露，至今仍不斷厚實我的底蘊。非常感恩韓老師當時為我打開那無比美好的占星世界，毫無疑問的，真是我的福氣！

我的第一本著作【達摩一掌經】於2006年出版，這是一本東方智術的經典書籍。特別感謝知青出版社李老版的知遇之恩，並以極高品質的規格為這本書付梓。

我的第二本著作【愛情占星的異想世界】於2008年出版。也是本書架構的主體。當時自費出版後的不久，我的生活突然出現變化（上升天蠍）。當時生命中的準伴侶出現了，於是我放下一切，開始在台灣德國兩地往返，五年後將生命的重心徹底投入截然不同的人生方向。2013年結婚後便在德國長住下來，開始新的語言、文化的學習。

這本著作在時隔12年後，宇宙一體的巧妙安排，正是完美、完全和完整的面世。所謂的「婚前重選擇，婚後重經營」，一來它反映我進入婚姻後的成熟觀點，二來想是讀者應該也準備好了，於是決定把婚神Juno與細論親密關係，獨立出一個章節、以與傳統只看月亮、金星、火星的跛腳論點做個深一點的探討、才更能符合現在我想帶給讀者的溫柔對話。

生活在新的地域國度、陌生的語言、文化的學習與挑戰必將繼續、誠如生命是一場永不停止的學習之旅！50＋，我帶著對真實的信仰，相信宇宙的安排，一切都剛剛好，剛剛好是當下我們所需要的。

最後在此謝謝知青出版社李老板伉儷的支持愛護與編輯團隊的協助，才能順利呈現這本書。謝謝我的家人與先生的鼓勵，還有人生一路走來的舊雨新知，以及所有境界上師。感恩再感恩！

芝蘭 17 Dez. 2020 於德國家中

PS：完稿後看了一下行運：

行運「冥王星在魔羯座24度」進入我星圖的第3宮，與本命11宮的「冥王星、木星」，還有7宮的「水星」呈現「大三角」相位。

現在「太陽、水星、木星、土星、冥王星」5顆星皆進入3宮。

目錄

第一篇

前言開場

第一篇

前言開場

衛星導航——航向幸福的目的地

『愛神的箭射向何方，射向那少女的心坎上。少女的心彷徨，情話要偷偷地講。愛神的箭射向何方，射向那少男的心坎上。少男的心惆悵，情網要輕輕地闖』。

這是取自陳蝶衣所作「愛神的箭」的歌詞，早期由周璇主唱，膾炙人口，紅透半邊天。在現今工商社會，何止少男少女被愛神的箭射中，就連想抓住青春尾巴的壯男、老翁、雲英、徐娘猶有甚者。

有位女性友人，在行運♄土星進入了她星圖的八宮時，與我分享了她最私密的【陳年女兒紅】：

『我感受到我體內有一股很集中、嚴肅、深沈、窄化、聚焦、緊實、迫切想落實、完全無法消退的能量。……那就是我從來都沒有迫切想過的男女情慾。』

『……就算是很複雜、黑暗、交纏的情況都沒有關係！我就是想要在生命中來一段經歷…』

『我甚至都願意主動對我主管暗示了……』

（1.個案星圖中有很強的「土」。比如：她的「月亮在魔羯座」以及「月亮和土星」合相在一起。這意謂當事人是一個保守、謹慎、傳統的女性）

（2.集中、嚴肅、深沈、窄化、聚焦、緊實、迫切想落實、完全無法消退的能量。這正是♄土星的本質）

（3.【8宮】的情境是社會禁忌，黑暗、幽微的領域。所有和他人的sex、權力、金錢…有關的分享之宮。是最容易和他人產生糾紛的宮位）

另外一位女性友人，提到和她分手10年的前男友（目前對方已婚；然而過去她們曾經交往十多年），卻在今年，男方較頻繁地打電話找她。附帶說明：這個案例的當事人都是坐四望五的年紀了，彼此都有著成熟的性格。目前當然沒有發展成那種年輕朋友們的天雷勾動地火，一發不可收拾的輕狂。但我們都知道，這底層下的危險能量正伺機蠢蠢欲動！

這樣一件表面上看似單純的「前男、女朋友」打打電話連絡話家常，是最平常不過的事了。然而，我卻在男方的星圖中，看到幾股幽微的能量正激盪交互地衝撞著他。我不禁感嘆著「無明」對我們每個人的影響是何等地綿密細緻，只是大部份的我們無法辨識罷了！

這些慾望能量總在這位「前男友」空下來的時候，不經意地竄到他的念頭裡…，然而好一段時間，他的理性都仍能按奈住這些能量。直到最近，這幾股慾望佔滿他、攻佔他、綁架他、催促他…，於是，他拿起手機，找一個安全舒適的時段（之所以說「安全」，是因為這個時間老婆早已入睡，不會查勤，或者因為老婆來電插撥而必須中斷這個屬於自己的情挑時刻。），撥著讓他忐忑不安、既陌生又熟悉的號碼…。此刻的他正在尋找一個情慾的出口……，然而，事實上他的知覺是無法清晰意識或理解到此刻自己的所作所為。

我思索著每個人在他（她）們變化的人生四季裡，品嚐著自己不同年份的酒藏，指揮著自己從原來好好的二重奏（兩人世界）曲調中出走，非得獨立出一段慷慨激昂的獨奏曲不可。

如果一律用~「哎呀！那不過是男人的七年之癢罷了！」來面對處理兩性間的問題，那真是太簡化、太小看問題，以致錯失進入學習的大好機會。再者，即使是議題相同的感情問題（比如：外遇…），會因為不同靈魂底層下的需求而有所不同！也就是說：「每個外遇的主角，表面故事劇情如出一轍，但是整齣戲碼所提供的心理過程的能量滿足會因人而異。」

人生是一場「愛的學習」。「愛」就會進入「關係」，從「我和我自己」的關係，到「我和他人」的關係；而「愛的學習」正是「關係的學習」。

如果我們要想看清所有事物，就必須藉由焦點。「關係」正像是一面鏡子，會呈現出衝突，然而…「衝突」正是焦點呵！

這本書適合並且歡迎：

1. 如果你是一位自學者，想再深入研究占星學，但苦於目前書店架上的著作書、或者網路搜尋的資訊，過於片斷而無法整合出一個系統，無法滿足你對占星知識的應用與渴求。那麼這本書很適合你繼續研究。

2. 如果此刻妳（你）正面臨兩性愛情的難題、挑戰、困頓及困惑⋯，那麼不論你有沒有去找過算命老師，仍然無法滿足以及找到生命的出口，那麼你就真的要相信：「這個世界上絕對沒有人會像你自己那樣關心你自己！」你人生的過去、現在、未來，又豈是短短1、2個小時就可以理出交代得清楚的呢！**哲人蘇格拉底說：「了解自己是一生的功課啊！」**所以，這本書所提供的結構，更適合當成你投入研究自己的一個起點。

3. 如果你想迎接、參與生命，並且試圖完整活出宇宙賦予我們的！那麼建議你拿枝筆，帶著星圖，花點時間慢慢品味、閱讀這本書吧！你將意外發現一處你從不曾尋訪過的祕境。然而，不可思議的是它的存在、它的繽紛，從來就只是為了等待你的到來！你將乘著風，聽著屬於你自己的歌！

本書內容將會引領我們在「愛情」這個人生主軸上，探入「自我關係」及與「他人關係」。

祝福大家都能用占星譜一首屬於你自己的超完美愛情歌！

第二篇

※工具準備

一、【行星 Signs】

二、【星宮 Houses】

三、【愛情變形蟲】

四、【關係合盤 Synastry】的緣份

五、【行運Transit】帶來的緣份

六、☋南交點、☊北交點（Node）：
重要的靈魂學習

七、⚷凱龍星Chiron（師父）：
生命創傷的功課、智慧的鑰匙

八、真命天子與天女：婚神⚵

九、星圖如上師

第一篇

※工具準備：星籍資料

只要跟隨著本書的步伐尋幽訪境，您不用占星專業知識，也能在過程中玩得很開心而且盡興。更重要的是，您將會不知不覺地開啟內在意識，並且和自我對話，彷彿能透視妳（你）感情世界中，所發生的一切事件底層下的奧祕！

既然要尋幽訪境，我們就要準備一張占星地圖，以標示出我們此行的目的地。

首先，請翻到本書最後面的附表，以自己的國曆出生年、月、日，查出妳（你）的星籍資料，並填入下表中。（此時可以同時查出伴侶的星籍）。

在填入星籍表格之前，有一個功課要先做的就是認識符號。

●認識【星光幫】家譜：

這些是銀河系的星子，在星圖中主宰我們一生密不可分的生命密碼。來來~讓我們和它們行個禮，握個手！

☉	☽	☿	♀	♂	♃
太陽	月亮	水星	金星	火星	木星
♄	♅	♆	♇	☊	⚷
土星	天王星	海王星	冥王星	北交點	凱龍

●【星光幫】的個性原型：

這些是不可忽視的力量！賦予星子獨一無二的面貌。它也許是戰神化身、也可能是宇宙母親的現世！

♈	♉	♊	♋	♌	♍
牡羊	金牛	雙子	巨蟹	獅子	處女
♎	♏	♐	♑	♒	♓
天秤	天蠍	射手	魔羯	寶瓶	雙魚

●【銀河旅人】的星籍資料：

我們都是銀河的旅人，這張星籍資料如同是我們的銀河護照。本團即將前往銀河，請那些還沒有申辦銀河護照的讀者，趕緊填寫以下表格，因為，馬上就出發！

※ 月亮由於每2.5天就通過一個星座。其他行星可以在書末附的天文曆中直接查出，但月亮星座則需要進一步細查。現在網路上都可以搜尋到支援系統的軟體。水星可一併與月亮查詢出來。

（在此提供一個網站 http：//www.astro.com 目前此網站已有提供中文的轉譯）

行星	自己的(星座)	行星	伴侶的(星座)
☉ 太陽		☉ 太陽	
☽ 月亮		☽ 月亮	
☿ 水星		☿ 水星	
♀ 金星		♀ 金星	
♂ 火星		♂ 火星	
♃ 木星		♃ 木星	
♄ 土星		♄ 土星	
♅ 天王星		♅ 天王星	
♆ 海王星		♆ 海王星	
♇ 冥王星		♇ 冥王星	
☊ 北交點		☊ 北交點	
⚷ 凱龍		⚷ 凱龍	

1.【行星Signs】The one you love...

愛情萬歲：三種類型的愛情

「愛」是目標，「生命」則是這個旅程。

事實上回頭想想我們已過的數十寒暑，不論你是在物質世界裡，投注一生隨順生存所要付出的代價而仍然不盡滿意；或者有幸者如你，早已經小有成就，那麼試著打開內在問自己：「照目前方向走下去，目的地與結果真的是我們內心所嚮往的生命意義？還是總覺得少了些什麼？」

一旦我們認同這個生命的目標是「愛」，那麼我們內在的豐富就會開始。內在那些從無始以來帶著坑坑洞洞的傷疤，會開始被撫平、被療癒，這就是愛的神奇魔力，「愛」

是宇宙最偉大的煉金術！

現在我們輕輕地進入內心，慢慢地檢視與觀照每個問題來自內在的回應：

1. 是否仍有點擔心對方有沒有真正愛我們？
2. 現在我們是否仍然依賴對方來愛我們、陪伴我們，以填補每個可能出現寂寞的空檔（即使你正和朋友一起活動，但心思總是無時會飛到對方身上）？

當我們完全能自足，單獨時一個人仍可以非常快樂，這樣的話，愛才有可能，否則註定只有一個結果，那就是「絕端的痛苦」。本書將直接教會我們如何透過星圖資料，來掌握這個生命主題的學習！

首先，我們需要了解到，每個人所譜出的愛情並不是相同共通的。**【星光幫】裡有三種類型的情愛：【親密型】、【愛戀型】、【情慾型】**。這三種情愛類型，能幫助我們釐清在愛情地圖裡，如何衛星定位，引領我們航向幸福的彼岸。

有些人的關係裡面，既沒有羅曼蒂克的愛情，也沒有火熱的性，但卻有家人般的親密情感、習慣彼此的安全感、以及舒適的歸屬感。

也有些人在性慾方面跟伴侶連結，但這並不意謂親密，因為性器官的高潮只是親密的外圍，對親密而言，可以有它，也可以不要有它，要知道：sex 不代表親密的一切哦！

【星光幫】裡，☽月亮、♀金星、♂火星，是用來看我們在愛情裡出自不同的需要，由於我們不了解自己的星圖作用力，常常是當我們被行運或人際緣份的能量觸動時，也許是流日、流月、流年⋯、也許是別人的♀金星、♂火星來撩撥，我們會想在那個時候主動地出手或被動地因為這個人的出現追求，而去發展一段愛情關係，但是，**大部份的我們並不是那麼覺知到此時被開啟的是什麼能量需要**。

當這個被觸動的能量是♂火星時，有些人潛意識會有一種想要透過「sex」結合的原慾衝動，試圖點燃對生命的活力與創造力。

當這個被觸動的能量是☽月亮時，有些人內在會想要一份家庭的踏實感、安定感與歸屬感，這個時候要的是一份照顧扶持的親密，然而「sex」的本質對☽月亮來說，太侵略了，難以負荷承受。

總之，我們分不清楚什麼是什麼！什麼又不是什麼！

我們通通只會覺得說~「愛情來啦！」

行星大不同：兩階段的行星分工

不知道你們有沒有留意到，「為什麼老是跟一些星座的人談戀愛？」

其實可以從我們星圖上找到這個方程式。

首先，我們要在本書「愛情．婚姻」這個主題的前提下，區分出和情感有關的行星：

☉太陽、☽月亮、♀金星、♂火星，在關係中所主導扮演的功能與角色，若用一般的概念來看，我們把情感的發展進程，劃分成二個階段：

第一階段：婚前「戀愛中」的交往。

♀金星、♂火星的吸引力有很大的作用。♀金星和戀愛有關，是一個人的情感享樂、桃花、吸引力、展現魅力方式、情感的歡愉，帶來喜歡，情感的洋溢，而♂火星與sex的歡愉有關。

所以，從♀金星、♂火星的狀態，可以看出每個人展現魅力的方式，是招蜂引蝶的重桃花？還是聖女式的柏拉圖愛情？也可以看出在性愛態度上是追求性愛合一的關係？還是性愛分離？

第二階段：進入「穩定」關係或「婚姻」。

⊙太陽、☽月亮是重要親密關係的呈現。對女生而言，⊙太陽是未來的丈夫樣貌，☽月亮代表是自己；對男生而言，☽月亮是未來的太太樣貌，⊙太陽代表是自己；於是太陽、月亮形成了我們會是以哪一類型相處，以及你們在一起後是什麼樣的關係。

你和另一半的個性、價值觀如何？感情協調嗎？重要關係帶給你的內在感受，在這兒早已有答案了。

現在我們先進入第一階段：戀愛時期

【戀愛篇】

三種類型的愛情曲調：☽月亮的【親密型】、♀金星的【愛戀型】、♂火星的【情慾型】。【☽月亮】、【♀金星】、【♂火星】是用來看愛情不同的需要。

【親密型】：☽月亮的12類

「親密」意味著我們最內在的核心。我們允許對方進到我們的內心深處，到我們最深處的核心來，這是最大的信任與敞開才能做得到。如同家人一般的情感，很自在地呈現本能的自己，不須要粉飾、遮掩，不須要為了討對方歡喜而委曲自己，這些無關 sex 的高潮與愛的歡愉，直指我們全面的能量中心：☽月亮。☽月亮的相位狀態，關係著我們的幸福指數。

月亮在牡羊座 ♈

你可以想像牡羊像一團火球，那麼在最親密自在的時候，熱度可想而知，是12星座當中，最有能力瞬間到沸點的，在親密關係中很大方，專注。唯一要了解的是他（她）們的脾氣不好，很像小孩子一樣任性，情緒像老虎。而且當關係越親密時，牡羊是越容易發脾氣的，這代表他們處於很自在的環境中，不需要掩飾他（她）們本能的情緒。

月亮在金牛座 ♉

閒散的牛兒，很喜歡舒適的家居物質生活，喜歡美食吃喝、感官、舒適的環境。在家顯得很慵懶。舉凡：香氛、觸感、味蕾、視聽，講求感官到位、享受人生美感的親密觀。金牛回到家很懶，是最願意花錢在居家生活的享受上。

月亮在雙子座 ♊

心智總在高速律動的雙子，並不喜歡緊密的關係和家居生活。親密關係中雖然很喜歡心智互動、說話，但不喜歡進入深度的對話。而且說話的時候，很少有情感的流動。他（她）們不喜歡黏人，當然也不喜歡另一半黏他（她）們。所以我們真的要了解這個世界上不是每個人都適合或喜歡黏巴達的相處！

●月亮在巨蟹座 ♋

很喜歡家庭活動，這裡面有著一份對家、母親依賴的情感。很喜歡老情感。對家居有很深的依戀，這同時可以帶給巨蟹的他（她）們，得到內在情緒、安全感和歸屬感。

所以，當☽月亮巨蟹下班後，還老在外面鬼混不回家，那麼這意謂他（她）們在親密關係中一定出了很大的問題。只是當事人所轉換的替代性親密，反而讓他（她）們對問題的感受繼續麻木。

●月亮在獅子座 ♌

他（她）們才是親密關係中真正的主人。很願意對伴侶付出一切，這顯得他（她）們的高貴，但是最好要聽他（她）們的。私下的他（她）們，情緒是很戲劇化的，很需要伴侶真正的尊敬與崇拜他（她）們。

月亮在處女座 ♍

他（她）們在親密關係中總是扮演像護士、褓姆的角色。情感都是透過服務、照顧、或替伴侶做事情來表達。常常因為叮嚀許多事而顯得像母親般的嘮叨。他（她）們能給伴侶的是很實際的功能，比如把家整理得乾淨整齊、努力賺錢養家或把孩子照顧好、三餐都提供健康的食物…，但卻是無法提供情緒撫慰的這類功能。

☽月亮處女最常見叨唸、叮囑「要記得早晚添加衣服…」、「要照顧自己…」，這種為健康、平安所做的叮嚀都是處女的情感化成語言的體現。

月亮在天秤座 ♎

在乎和伴侶的和諧，很怕關係動盪、衝突、糾紛，所以特別會在關係中忍氣吞聲、妥協。他（她）們的情緒、安全感深受『伴侶』的影響。很會考慮配合另一半。很喜歡一起做所有有關家庭的事。吃飯一起、旅行一起、散步也要一起…。

所以，若另一半是一個很需要空間、不給黏的人，天秤會不自覺轉向朋友圈。然而，朋友也只是他（她）們不自覺下的替代性親密。

● 月亮在天蠍座 ♏

哎~這是一個需要特別了解落在☽月亮的一個星座。他(她)們大部份是內心有祕密但不願意說出來的人。

常常用潛意識在感應伴侶的心、體會伴侶的情緒和想法，全都是用直覺在了解事情的。很敏感的人，善用隱藏、迂迴、暗示的方式來控制佔有，對親密關係有很強的佔有慾，不喜歡隨便的男女關係。

有點麻煩的是，他(她)們需要顛峰經驗這種強度來滿足內在情緒。若沒辦法從伴侶身上得到，那麼他(她)們就會透過在相處時，不斷製造衝突、口角、或情緒張力，這些都是近似死亡毀滅的顛峰經驗。問題是天蠍這種強度需要，放在☽月亮家居生活時，有哪個伴侶能夠每天或每個時刻都在創造顛峰經驗來滿足☽月亮天蠍，誰又承受得起這種能量隨時加諸在自己身上呢！?所以，這正是☽月亮天蠍親密關係中的問題所在啊！

● 月亮在射手座 ♐

他(她)們在感情上很熱情、開朗、樂觀、大剌剌，但是一點都不細心。對☽月亮本身的功能而言，本來是要流動、提供情緒撫慰功能、要敏感的，但是他（她）們暨一點都不體貼也不溫柔，而且情緒表達都是很誇張的，無法稍刻停下來，永遠都在變動中。

射手每3~6個月，家裡的擺設就要搬動一番。不了解射手的能量時，會以為她們是過動兒呢！而男生的太太就會顯現射手這個特質。

● 月亮在魔羯座 ♑

這有點困難了！他（她）們情緒上有點冷酷，會把情緒放入鐵罐裡的人。也可以這麼說，他（她）們是不太有情緒的，因為情緒對事情本身的發展跟解決沒有幫助。從另一個角度來說，☽月亮魔羯是很實際的。但這種實際放在☽月亮的位子時，會阻礙☽月亮扮演滋養親密的功能。以致在親密關係中，他（她）們情感的交流很少，比較沒辦法付出，所以較無法享受歡愉的生活與培養親密的關係。

這些被無意識地封鎖起來的感覺，被他（她）們轉換成對『錢』、『房子』的需要。因為，「錢」=「安全感」，很怕金錢喪失了。所以，我看到很多☽月亮魔羯的人，把☽月亮情感轉向金錢，而且都很喜歡買大房子。所有對親密的需要，全被轉換成很實際的物質，因為這才能提供他（她）們一生的安全感。

●月亮在寶瓶座 ♒

非常特立獨行。家人一般都會感覺他（她）們是很疏遠的人。在情緒上是很疏離的，所以在親密關係中互動起來會比較冷淡，情緒的發展也會比較封閉。在兩性的親密關係裡，不容易有熱情。所以，很奇特的是，他（她）們對親密需要向來感到很陌生、自然也會對親密感想要疏離。也就是說親密這回事，不是他（她）們人生所追求的重點。

●月亮在雙魚座 ♓

有點藝術傾向或夢想家的他（她）們，內心非常敏感善良，情緒常會莫明地變化，這一刻也許黏人，轉身馬上就逃入一個別人找不到的地方躲了起來。常能感受到家人、他人或親密伴侶的情緒痛苦。容易為愛人付出。他（她）們的愛像大海一樣寬廣無際。能用無條件的愛來對待伴侶，提供救贖的愛，但要小心這種品質被他人濫用或欺騙。

【愛戀型】：♀金星的12類

【♀金星】所代表的是愛情，若是【♂火星】有加入作用，就會和 sex 有關，但是當♂火星沒有作用時，就不會涉及到 sex 的原慾。

♀金星是羅曼蒂克、愛戀的需要，♀金星也是人生表面的歡愉；舉凡所有「我喜歡⋯」，比如：「我喜歡⋯」和哪類型的人交朋友、「我喜歡⋯」哪類品味、穿著打扮風格、「我喜歡⋯」哪一種人或哪一種環境的美學感受力、哪類型藝術、感官、還有哪種情感價值。

【♀金星】是自己所喜歡的相關事務，以及情感的表達方式，【♀金星】是充滿歡喜的【愛戀】。

【♀金星】是男生喜歡的女生類型；而【♀金星】是女生展現魅力、社交吸引力的方式。

● 金星在牡羊座 ♈

牡羊的愛情觀是一見鍾情式的。所謂一見鍾情指的就是「熱度」、腦中的「那一團火」。第一次若是沒 feel，就是沒 feel，不要期待他（她）們會是日久生情的那一種。

他（她）們如同獵人，當獵物出現時，那是唯一能抓住牡羊眼光的罩門。於是他（她）們會用盡所有的方式與資源，來投入對付這個目標。所有曾被♀金星牡羊追求過或交往過的人，都有一種感覺，就是對戀人的那種絕對大方、專注、疼愛、寶貝。若是被他（她）們看上，幾乎很少不上勾的。從事戀愛活動中，帶有很多的冒險與活力。由於牡羊的守護星是火星的緣故，所以，「上床」是他（她）們戀愛時，最初、最常見展現活力的地方。

他（她）們是熱得最快，但是冷得也最快的人。由於是獵人的原型，所以獵人一向喜歡獵物而不是戰利品。牡羊喜歡新經驗，在關係中是主動者，所以機會比較多，而容易有雜交的傾向。

（女生）容易回到自我滿足的狀態，但是很少男人會喜歡一個只知道自我滿足的女人。所以對女性而言較吃虧，因為不太能創造出♀金星陰柔的羅曼蒂克。

（男生）比較喜歡能幹、獨立、強的女性。在這兒釐清一點，真的不是每個男生都喜歡嗲嗲（為了這樣才叫有女人味）或是走路需要人攙扶（為了突顯讓她的男人當一個像樣的男人）。

● 金星在金牛座 ♉

金牛算是土象星座中，唯一在物質外仍很重視感情的。無法忍受關係中沒有美好的feeling、感官、歡愉、舒適的享受。喜歡和伴侶有身體的撫觸。男生、女生都喜歡找漂亮、有品味的對象。對羅曼蒂克的感官很敏感，喜歡和愛人一起從事美好的感官活動（美食、音樂藝術、擁抱接觸…）。感情觀是被動的、被誘惑者。靜態的、慢慢的。

（女生）會展現出：過著某種程度享受、有品味、有質感的生活品味。很懂得要理財，呈現一種穩健、實際、可靠特質的女生。

（男生）喜歡古典味道的女生。要具有穩健、實際、能幹、smart但不是耀武揚威外顯式的女強人。

● 金星在雙子座 ♊

他（她）們在感情上是可以同時喜歡2個人以上的。由於雙子的心智是多元的，所以不容易一次只喜歡一個對象。所以，最好雙子有發展其他的嗜好興趣（藝術音樂、繪畫、打牌、打球、社交、學習…），若只有把金星這種關於人生表面歡愉的活動，只框在愛情這個領域，保證交往沒多久，他（她）們的心智就會有枯竭感了。

而且一般人被生活磨累了，創造力也就沒了，所以比較無法去滿足雙子伴侶的好奇心智的。再者，雙子喜歡和伴侶聊天說話，但是若遇到凡事喜歡言之有物、分析、討論、挑剔批評的「處女座」；喜歡一門深入、探討價值、不屑那些沒營養話題的「射手座」；還有對「雙魚座」文藝腔的語彙感到吃力時，都會造成互動上的隔閡。這都會使得雙子在關係中，更需要多元的滿足管道。

因此，若有第三者出現，其實一開始的他（她）們本來就不是因為想要花心出軌或者想「上」某個對象為出發點的。由於來自對多元的好奇而交往的朋友，他（她）們本來就覺得沒有忠心不忠心的問題。其實他（她）們了解自己的感情永遠無法只對一個人忠心的（因為這使得他（她）們槁木死灰）。有時即使未必去外遇或劈腿，但是他（她）們特別能了解人的感情本質真相是什麼。其實，有時候我們需要了解那些「外遇的人」未必是真的喜歡對方呢！

這點我必須稍稍加以解釋才好，否則雙子的他（她）們很容易被誤會花心。

雖然從傳統上來看，也許雙子會被冠上不忠貞的封號。但是奇特的是，他（她）們在態度上都有點猶豫，由於很友善，對對方很好，而且很少保證「我永遠不變、我會愛你直到地老天荒……」這類的話，所以很少會和別人或者第三者有糾紛。

雙子不喜歡掌控慾太強的對象，其實自己也是這種人。他（她）們不喜歡控制別人，所以也不喜歡被控制。

（女生）帶有點少女式（約13、14歲時）的輕挑性感。如：小S。一種青春的性感，不是熟女式、肉感、性感式、魅世型的風情。如：崔苔菁。

（男生）喜歡聰明靈巧、會說話而且最好是說笑話、很輕快不沈重的女生。要和自己可以溝通，不要一說話就是探討問題、分析、批判、論述、思考這類太嚴肅的女生。也不喜歡太死心眼，讓人有壓力的女生。

【（太陽巨蟹＋金星雙子）vs（太陽雙子＋金星巨蟹）有很大的不同。後者感情上較穩定】

● 金星在巨蟹座 ♋

在羅曼蒂克的溫情中，帶有甜美、溫暖的感受力。傳統老式的愛情觀，很忠實，但是很怕別人對其不忠。由於很需要安全感、以及對家庭的歸屬感，所以會要有強烈的情感連結，要伴侶給予愛的承諾和肯定的情感。很少有只談戀愛而不結婚的。

情感上很保守，所以不會想要強悍的、侵略的情感關係。反而希望是溫和、有安全感、互相照顧扶持的感情。

（女生）認同當一個理想的母親女性角色，認為女人再強，回到家就是個持家的婦女，就是把家事做好，其餘的就讓她們的男人在家當個男主人。所以在家時候，很少會和男人鬥，這一方面是很傳統的。

（男生）喜歡的女生要帶有理想母親特質，不要強女人，其實這是來自潛意識心理對母親情結的「複製」或「補償」的投射。

● 金星在獅子座 ♌

獅子在愛情中希望被人喜歡、崇拜。金星的愛情性質，總是帶著自戀的本質。所以獅子喜歡弱者，願意付出溫暖給需要的人，這能突顯出他（她）們尊貴的人格。女獅子婚前婚後都要人疼，無法接受伴侶有外遇，因為這意謂著她們被比下去了。

（女生）不喜歡太平凡的風格呈現。所以喜歡漂亮打扮。要在昂貴、高級的地方約會（有位女性朋友曾與一位香港富商交往時，當對方來台灣看她時，曾包下整個餐廳、琴師演奏、花海…，常為她所津津樂道。這代表寵愛的象徵）。還有要記得，她們不喜歡在路邊攤吃東西。

（男生）喜歡替女生花錢、送珠寶、喜歡像 movie-star 的對象。

【（太陽獅子＋金星處女）vs（太陽處女＋金星獅子）有很大的不同。這兒指後者金星在獅子】

● 金星在處女座 ♍

若是能被處女喜歡上的人，事實上代表那個人還真有點能力呢！處女很眼挑的，能分辨出伴侶是否有料，care 自己在乎的領域，伴侶是否「強」，所以會挑自己看得上眼的人。欣賞比自己能力強的對象。

處女座在感情上很沒有安全感。由於處女座是一個很容易看到不完美地方的星座，因而總覺得自己並不完美，還有很大的進步空間，所以特別對伴侶的容忍度高。

說真格的，處女座有點「被虐待狂」。他（她）們不喜歡拍馬屁或者把他（她）們放在掌心上的伴侶。不喜歡另一半對他（她）們太好。因為他（她）們覺得離完美的標準還有段距離，彼此都還要再更好，所以，往後在其交往的日子裡，「愛」常常不是重點、「sex」也不是重點，只有不斷地『改善』才是關係的重點。於是一路上，都在改善彼此的關係，都在關係中還不夠完美的地方，再努力做更多事，以致忘了金星本是人生中的歡愉、感官、愛、羅曼蒂克的禮物。

處女會在日常中一直照顧伴侶，健康目標、財務目標、學習成長目標…這讓他（她）們成為感情關係中的管家。只在乎關係裡的結構，而不是「感情」與「sex」。

（女生）喜歡自己乾乾淨淨，纖細。性格較內斂。

（男生）喜歡安靜、纖細、冷靜、有處理事情能力的女生。不會很喜歡狂野或嬌滴滴的女生。

金星在天秤座 ♎

很在乎與伴侶的感覺，希望一起從事社交、娛樂、凡吃、喝、玩、樂、藝術、音樂、文學、感官之美的活動。很看重關係的和諧，也能配合對方的想法。

（女生）喜歡打扮優雅，像一位優雅的淑女。一般而言，除非婚姻很不幸，才會好好去工作。約會時不可以邀她去路邊攤、髒兮兮的地方吃飯。最好有燭光、玫瑰氣氛的餐館裡約會，總之不可以壞了她的品味。

（男生）他們喜歡漂亮、端莊氣質的女生。

金星在天蠍座 ♏

喜歡的情感都要深刻、深沈的。很喜歡深刻的人，不喜歡社交型的關係。若是和他（她）們交往，絕對是從早黏到晚，而且喜歡挖對方挖得很深。所以只要他（她）們交往就會在情感上走得很深，也會搞得很熟。不可能緊密黏了一個禮拜，而對伴侶的背景一無所知或知道得很少。

天蠍很厭惡膚淺、很挑剔的。喜歡一種深刻體會的情感。他（她）們所要的情感價值要深的，一定會想和伴侶建立深刻的感情，所以不能被背叛。也絕不會和花心、輕挑、有祕密都不說的問題對象在一起。他（她）們不會為自己惹麻煩的。會在關係中控制對方，但也會為伴侶想要的付出一切，包括金錢、性、關懷…。

在一起時，最喜歡去經歷顛峰經驗。

（女生）表達情感很激烈、最麻辣的。

（男生）喜歡性感、魅力型、而且有強烈感情的對象。

● 金星在射手座 ♐

射手很有異國情調。情感的態度很陽光、健康、自由。對感情的表達很誇張、自信、直接、且敢於表達。情感活動中，喜歡和伴侶有深度心智的對話（談談想法、觀念、哲學、信仰、信念、人生…），而不是浮泛空洞的八卦（東家張三、西家李四、南家三姑、北家六婆）。

很喜歡交不同的朋友、新的經驗。感情上很天馬行空、幻想的人。不喜歡跟固定的伴侶，所以，本質上並不是忠心型的。若是忠心的射手，一定是被管束的。

（女生）有點小男生氣質（Tom-Boy）。幽默、好動、大方、運動、旅行。是一個到老仍然還會交新朋友的人。

（男生）喜歡活潑、外向、陽光、開朗、喜歡運動、有異國文化經驗的、不同領域的菁英（也許是生活過得很菁英式、很SMART…）、異國情調的女生。

● 金星在魔羯座 ♑

他（她）們在情感上很保守、實際、傳統，不會一見鍾情或者昏頭，也不會是真正相信羅曼史的人。感情上很實際，希望伴侶對他（她）們有實際好處，所以，他（她）們的愛是有條件的。比如：對方對他（她）們是否有實際好處？很難想像哦，如果有二個對象在眼前，最後，他（她）們會選擇在實際上會帶來好處的伴侶。

他（她）們會因為對方的權利、地位而喜歡（也就是當世俗地位越高，會越愛對方。這個原則在交往後，也是如此）。他們在戀愛中，全與對方的條件有關。其實他（她）們完全搞不清楚到底自己是喜歡對方這個人？還是對方的條件？是情感上很實際的人。一旦決定和一個人在一起，就不容易分開或離婚。但是交往後，是很容易在關係中冷漠，因為太實際了，所以很難領略♀金星的歡愉價值。故不容易擁有情感關係。

（女生）年輕時呈現的風格是老成、成熟的風韻。打扮保守、較女性化。但是魔羯座素有「回春座」之稱，也就是當年紀越大時，會越來越有吸引力。

（男生）不喜歡女生穿得破爛、前衛。要看起來正式、端莊像女生的樣子。要像傳統的女性。

● 金星在寶瓶座 ♒

最敢作敢為、不在乎別人評論他（她）的一切。喜歡很自由、另類的愛情關係，可以接受分偶的處境或關係。在愛情裡，要絕對的自主。和他（她）們交往的對象若是不怪就得不到他（她）的青睞，是很大膽的個性。所以很難待在傳統的關係裡面。

（女生）最具敢作敢為、風格獨特的性格。也最相信女性的自主意識。是女性主義者最多的星座。

（男生）不喜歡太保守的女生。敢做敢為、風格獨特的女生會吸引他。

●金星在雙魚座 ♓

有很強的同情心，所以對受苦特別感到興趣。容易受可憐人的吸引，喜歡可憐受苦的人，像蜜蜂看到蜜一樣。所以，和雙魚座的交往之始，一定是起源於某個事件或處境引起了他（她）們內在的偉人意識，而生起對伴侶的憐愛（一定對方要有值得同情之處）。

但這情感的緣續在於我們必須了解既然雙魚受可憐人吸引，那麼當你們在一起後，若他（她）們覺得其實你是強壯的時候，那麼雙魚的靈魂將會再尋找下一個可憐人。所以雙魚的愛情世界中，他（她）們常扮演受害者與救贖者的角色。有時候雙魚真的是泥菩薩過江，自身難保。他（她）們的情感很容易被觸動。

（女生）常表現敏感、纖細、喜歡打扮像洋娃娃、很有蕾絲式的風格。柔弱、纖細而且女性化。一個會讓你明明覺得她們很柔弱、情緒有障礙，需要被保護，但卻又常常讓人有抓不住的感覺。

（男生）喜歡在情緒上脆弱、有情緒障礙的女生。軟弱、纖細、脆弱得像似永遠無法站直、走路會被風吹走的女生。

【情慾型】：♂火星的12類

【♂火星】是慾望的需要、性的原型。代表人的原慾、目標取向的追求、支配肉體力量的行星，往往比起太陽星座動力更甚。【♂火星】總是充滿慾望、刺激的短暫衝動。

♀金星是「我喜歡…」，♂火星則是「我想要…」。【♂火星】的馬力，是每個人的行動力、驅策力與生命活力。

有些人的關係中很重視 sex，每當性慾高漲時，常會讓人誤以為「愛情來了！」，所以用「慾望」來解釋愛情也是一種類型。【♂火星】屬於肉體的性能量、具有動物性、本質上較侵略。**古典占星學中，【♂火星】屬傳宗接代的功能，並不是現代人類所謂的「做愛」。**

【♂火星】是女生喜歡的男生類型；【♂火星】對男生而言是表現自己陽性能量甚於太陽的象徵，是男生能夠給予愛人什麼樣的愛。

● 火星在牡羊座 ♈

牡羊在Sex上面很具侵略性，不是好情人型的，但卻是很好的「飯友」。他（她）們很需要性的滿足、渲洩；沒有前戲、後戲、只有高潮戲。（即使有前戲，也很短暫，基本上「前戲」對牡羊而言是不耐的）。

【♂火星】的性，不是現代人類所謂的「做愛」。其實，真正的「sex」，整個過程並不需要30分鐘才能傳宗接代，一秒鐘也行。所以，♂火星的sex，等於牡羊的sex。牡羊很喜歡性的滿足！

（女生）欣賞強悍、強者姿態、大哥型的男人。對生命有活力、熱情、自信、直接、企圖心旺盛、積極、像男人的男人。她們不喜歡軟弱的伴侶。

（男生）希望自己像個硬漢。衝動、敢做別人不敢去做的事。本質很具競爭性、豪放磊落、果斷、冒險、有衝勁。

● 火星在金牛座 ♉

金牛是慢熱型的，啟動他（她）們的慾望需要一點時間，但是可以持久。一旦慾望被啟動起來，就不容易停下來。金牛喜歡享受Sex帶來的感官滿足。情慾的性對金牛而言，不是牡羊要的那個「滅火」、「取獵物」(即所謂的高潮、射精),而是整個做愛過程的「五感」享受。

(女生)喜歡有品味的紳士,被動一點、要穩重、實際、可靠的對象,而且不喜歡孩子氣、天馬行空、最好要有點錢,能提供某種程度的享受。要精神、物質上都有充分保障的男性。

(男生)喜歡賺錢,才能享受人生。會以實際的物質來表現取悅愛情。很有責任感、努力追求品味人生。會以經濟能力來展現品味、性感、以及有質感的生活條件。

● 火星在雙子座 ♊

由於雙子的多元心智好奇,但又不想對事務投入太深,所以,凡事都無法持久專注。在 sex 方面也是如此,不會欲仙欲死。Sex 上不持久、不激情,而且過程也不會深度投入,有時候還能一面做愛一面看電視呢!

容易有雜交、劈腿的情形。因為覺得 sex 像遊戲、球賽,不覺得那有多嚴重的事,所以不會嚴肅看待。特別敢將 sex 的事情告訴別人。

雙子知道自己的 sex 原型是什麼，也許外在可以自我控制，但本質裡並不相信忠實這回事（也許表面上他（她）們忠於婚姻），但對 sex 的態度截然不同。

（女生）喜歡聰明、機靈、風趣幽趣、口才好、能說會做，稍具輕挑的男人。

（男生）由於幽默迷人，很受周遭朋友的喜歡，很聰明、口才很好、口語表達上風趣，很能說話，但大多時候話題並不深入。

● 火星在巨蟹座 ♋

一般人只要提到巨蟹，99％會說「巨蟹重視家庭」、「愛家的好男人」、「賢妻良母」。除了讀者們所知道的同質性的巨蟹性格之外，今天要談到比較少為人知的巨蟹另一面。

巨蟹的性能量上要小心被扭曲、受阻。由於巨蟹不是天生的鬥士，比較不敢正面作戰，有防禦過度的情形，很多情緒都無法發洩出來，被隱藏起來，所以常常會生悶氣，最後導致這個脾氣轉向內在。最後♂火星主導的 Sex，被這個扭曲的能量影響，有時候♂火星巨蟹會有異常的性慾。

當♂火星侵略性能量被轉化成內在時，扭曲的♂火星會變成有「很多女人」的男人。

（女生）喜歡帶有溫暖體貼、對人細膩敏感、給予安全感、會愛家、愛小孩、忠實不背叛的居家好男人。下班就回家，幫忙分擔做家事、給你依靠但又不會太強悍的男人。

（男性）一般看起來溫和、噓寒問暖、體貼關懷、像母親的懷抱，隨時可以擁抱受傷的心。不雄糾糾、帶有母性特質的人。

● 火星在獅子座 ♌

獅子是很單純、好哄的能量。最大弱點喜歡聽好聽的話，在性舞台上，他（她）們是明星、國王皇后，這時候聰明的伴侶們，知道該怎麼做了吧~「讚美一番啊！」。

他（她）們期待看到妳（你）被征服的反應。非常愛面子，千萬不要拿他（她）們和別人做比較。喜歡伴侶臣服在他的力量之下、並且表現出渴望臨幸的飢渴。那麼你就會在他（她）的王國內穩居后位。這一點，獅子比牡羊忠實多了。

（女生）喜歡男性位居重要地位。在社交舞台上很活躍，慷慨大方、不拘小節、男性化、大哥型的男人（未必是要有社會地位，也許地位只是小弟，但性格上一定要像國王般的高貴）。她不要她的男人在性格特質上是小弟型（處女或天秤那類斯文男）。

（男生）特別重視別人肯定、看重。不能忍受受忽略。若被看重，會很忠實。會熱情示愛、說肉麻話的。算是急性子的愛人。

● 火星在處女座 ♍

由於處女容易看到不完美的地方，所以會給自己很大的壓力，會注意到最近這裡多了一點贅肉、那裡的肉有點鬆垮、今天還沒解「大號」很不舒服、聞到了體味、還沒沖澡、或者身心沒準備好、前戲不够，情緒無法馬上銜接進入…所以在性方面常常因為小細節而感到焦慮，需要較長的時間在前戲的 relax 上，所以處女比較難真正地性解放。故會有性壓抑的傾向。

有一種隱藏式的性感。有時候處女不經意的撩撥髮絲、或一個肢體動作，常常伴侶捕捉到的訊息，總誤以為那是一種 sex 需要的暗示。

（女生）不喜歡很大男人的男生。斯文體貼、害羞、內斂、認真、上進、有理解力、組織力是她們所欣賞的男性。

（男生）顯現自己很認真、能幹的人。嚴格、嚴謹、重細節的人。他的愛情是用服務來表示，對細節相當體貼的男性。

● 火星在天秤座 ♎

不喜歡太粗魯的動作，要柔和的 sex。喜歡關係中的親密相伴，相處過程中要有一種和諧美的氛圍，絕不可以一見面就上「戰床」，那真是品味盡失。所以，從見面開始的互動談話、一起吃頓飯（前菜、湯品、主菜、甜點、咖啡飲料一道一道上）、再聊聊天…如此一來精力耗盡、疲憊不堪、性慾全消。天秤一般性慾都不高。

喜歡溫柔的、有品味的性。那種車震、地板…廚房，天秤不會在這些粗魯的地方做愛，要在羅曼蒂克、舒適、溫柔的地方才能接受。

（女生）喜歡紳士、好品味、文質彬彬、乾淨、斯文的男生。
（男生）喜歡伴侶之間的親密關係，性慾不高，也不是猴急型的。喜歡溫柔的 Sex。

火星在天蠍座 ♏

天蠍的 Sex 表達要很激烈、一種小死亡的顛峰經驗，否則會覺得不够爽。做愛時近似一種強暴、虐待的能量，但不是溫柔、舒服、soft 的能量，而是一種來自深層不斷注入燃料的烈焰、持久不退的交纏。天蠍的能量若是沒轉化，是很危險的。

（女生）喜歡這樣激烈的男人，做愛像強暴。喜歡黑暗的 SEX，容易受不正常 Sex 行為的吸引。占有慾強、烈火情人的男性。

（男生）性慾極強。情慾的表達很直接，也很有力量。

火星在射手座 ♐

射手座一般在性方面很容易讓人誤會。由於他（她）們對知性知識的追求充滿興趣，喜歡新經驗和變化，所以持久力不佳。射手其實對 Sex 並不是很有興趣的。他（她）們喜歡聊天、參加活動、交朋友…，可以和陌生的新朋友一談話就是2、3個小時，怎麼還會有上床的慾望呢！射手守護星是木星，木星的能量不是性慾的。

Sex是♂火星那種原慾，做久了就是那麼回事，射手會覺得很無聊。其實反而性的整個過程像遊戲，射手反而覺得好玩，一旦進入主戲時，射手就沒那麼性致勃勃。特別一旦射手追求高等心智，也許是閱讀、哲學、宗教、旅行、戶外活動…時，射手上床的性能量就被昇華轉化了。

（女生）喜歡菁英style、有遠大的理想與目標、有正義感、有思想見的、很陽光、開朗、自由、上進、喜歡運動、旅行、有國際意識的男生。

（男生）很能表達自己的情感。大膽直接、友善、正面的特質，很受女性的喜愛。

● 火星在魔羯座 ♑

魔羯會把精力投注在工作上，努力達成生命的目標。事實上，土星（魔羯的守護星）落在掌管行動驅策力的♂火星位子上，導致魔羯的活力有限，但持久力仍然比大多數健康的人還好。

由於太care事業工作，加上很務實，所以會把僅有的精力放在有收益的地方。「上床」這件事，能創造些什麼？又能留下些什麼？那不如把有限的精力放在能創造世俗成就的地方好了。於是，魔羯容易有Sex壓抑的問題。但通常這不代表他（她）們不肉慾。其實他們是還蠻色的。（不是花心，而是指上床這檔事。）

年紀大的魔羯，會喜歡找年輕的sex伴侶，因為可以幫助點燃sex的火花。其實魔羯的性慾很強，也還蠻喜歡性的，而且喜歡和女伴在一起。只是大部份是嘴巴上特別喜歡說，行動並不花心。

由於責任感很重，所以，他（她）們的人生，總是會把責任放在歡愉之前。魔羯是最會遞延生命享受的人。

（女生）喜歡事業上成功、有社會地位、能養家活口的男性。成熟穩重不多話、對家要有責任感。不可以依賴或者孩子氣的男生。

（男生）喜歡自己是成熟穩重、不孩子氣。在公開場合裡會帶有拘謹、老成、嚴肅、自我壓抑的形象。很不浪漫、但令人放心信賴的伴侶。

● 火星在寶瓶座 ♒

寶瓶座性慾上不受傳統的限制，有實驗性的 Sex 或 Sex 伴侶。反主流的性。有時候有突發、密集的 sex 活動，但是有時候也有階段性完全「熄火」的狀態。任何地點、姿勢、神來之筆的創意，都可以配合嘗試，不會設限的。而且事後不會被 Sex 綁住，也不會耽溺在 sex 活動中。

（女生）喜歡各種怪男生，不喜歡傳統、保守的男性。獨立、進步、前衛、有開明的烏托邦理想。就是要不凡、就是要與眾不同的男生。

（男生）喜歡自己是獨立、不傳統、開放、特別的男性。親密關係的情感有友誼的品質，會給彼此很大的自由空間，各自發揮所長，不是一般傳統愛人式的開放關係。

● 火星在雙魚座 ♓

對♂火星展現的是侵略、攻城略地、陽性能量的本質而言，雙魚的能量落在♂火星位子顯得不够強，雙魚在 sex 上是很被動的。也許所有占星書上都說：雙魚的性很溫柔（因為雙魚極陰柔的能量消融了部份♂火星的侵略力量）。事實上對男性符號的♂火星而言，雙魚反倒是比較沒有進攻的火力。

據一位女性友人提供的經驗是：她的雙魚男在每一次性愛中，總是點著一根香煙後，躺著當神仙，任由她來作一切性活動，然後說著「來吧！妳愛怎麼樣，就怎麼樣吧！」。所以一般男性看雙魚男總覺得他們不够Man，反倒是雙魚男深受強勢女的青睞呢！

情慾世界中的雙魚，Sex容易受到引誘，而進入複雜的關係。由於他（她）們無法抗拒別人的要求，會在高壓下屈服。然而雙魚的伴侶雖然生氣，卻又無法責怪他（她）們，因為是別人對雙魚施壓的，只是他（她）們沒有抗拒的力量！

（女生）喜歡這種有點問題、情緒困擾、無能、需要幫助的男生。要浪漫、有愛情幻想力、創造力的男生。有靈性品質、藝術才華、神祕氣息、豐富的情感、文學詩意、多愁善感的男性，對妳而言，特別有魅力。

（男生）溫柔體貼的對待，令很多女性感動。雙魚的愛浩瀚無邊，一生需要很 多很多的愛，隨時都要在愛中，是靈魂不安的人。任何一個真善美的環境都可以令雙魚陷入愛的泥沼中，無法自拔。是一個很容易被觸動的人。

對Sex沒有安全感，會受主動女生的吸引，一向「炒飯」等待女人主動。當強女人對他索愛時，沒有能力抗拒，像是被強暴，於是一切就在沒有抵抗或者少少的抵抗下進行著。雙魚男很受女生歡迎，特別是侵略性的女生。

性愛沙塵暴：了解妳(你)的性愛風貌

想知道自己在「性」與「愛」的成份中，呈現出那一種風情嗎？找出星籍資料中的「♀金星」和「♂火星」所落入的星座，並從表列中來做個比對。分成四種主要的風情：

(1)「♀金星」和「♂火星」落在相同的星座：

在社交人群中，你們會自然散發出一種結合了「sex」的魅力。而不自覺地招蜂引蝶。這是一個桃花很重的組合。其實你們不是故意的、會不小心、忍不住（事實上你們無法控制）展現出一種帶有性感、肉感、魅力獨特的吸引力。會不自主地放電，你（妳）們在異性關係中是很討人喜歡的。

在你的情愛中，是追求性愛合一的親密關係，不會是那種只談柏拉圖式的戀愛，而不上床的。一定是要：愛中有性、性中有愛的。

♀金星 12 星座	♂火星在以下星座
牡羊 ♈	牡羊 ♈
金牛 ♉	金牛 ♉
雙子 ♊	雙子 ♊
巨蟹 ♋	巨蟹 ♋
獅子 ♌	獅子 ♌
處女 ♍	處女 ♍
天秤 ♎	天秤 ♎
天蠍 ♏	天蠍 ♏
射手 ♐	射手 ♐
魔羯 ♑	魔羯 ♑
寶瓶 ♒	寶瓶 ♒
雙魚 ♓	雙魚 ♓

(2)「♀金星」和「♂火星」落在同屬性的星座：

「♀金星」和「♂火星」都是在同類的星座上。比如：都是土象星座、水象星座、風象星座、火象星座。

在人際社交關係中很受歡迎。「愛情」與「性慾」自己可以協調控制，而且恰如其分。這種適度的性感，不會讓人有不安的壓迫感。一生中的情感與慾望，是可以得到平衡的。不會有性愛的衝突，與伴侶容易擁有滿意且愉快的性愛。

♀金星 12 星座	♂火星在以下星座	
牡羊 ♈	獅子 ♌	射手 ♐
金牛 ♉	處女 ♍	魔羯 ♑
雙子 ♊	天秤 ♎	寶瓶 ♒
巨蟹 ♋	天蠍 ♏	雙魚 ♓
獅子 ♌	牡羊 ♈	射手 ♐
處女 ♍	金牛 ♉	魔羯 ♑
天秤 ♎	雙子 ♊	寶瓶 ♒
天蠍 ♏	巨蟹 ♋	雙魚 ♓
射手 ♐	牡羊 ♈	獅子 ♌
魔羯 ♑	金牛 ♉	處女 ♍
寶瓶 ♒	雙子 ♊	天秤 ♎
雙魚 ♓	巨蟹 ♋	天蠍 ♏

(3)「♀金星」和「♂火星」落在能量不相容的星座：

「♀金星」和「♂火星」若是落在能量不相容的星座上，由於那是較難化解或妥協的能量，那麼就無法透過「♀金星」的情感和「♂火星」的慾 望衝突，來學習平衡。

性愛不協調，一生中性愛會有兩難的狀況發生。很難碰到一個可以同時滿足你（妳）性、愛的伴侶。這個「性、愛」問題會帶給你內心矛盾。性愛中不會是Happy的。就算關係的相處冰冰有禮，不吵架了，其實內在狀態也仍然是性愛不協調。

♀金星12星座	♂火星在12星座	
牡羊 ♈	巨蟹 ♋	魔羯 ♑
金牛 ♉	獅子 ♌	寶瓶 ♒
雙子 ♊	處女 ♍	雙魚 ♓
巨蟹 ♋	牡羊 ♈	天秤 ♎
獅子 ♌	金牛 ♉	天蠍 ♏
處女 ♍	雙子 ♊	射手 ♐
天秤 ♎	巨蟹 ♋	魔羯 ♑
天蠍 ♏	獅子 ♌	寶瓶 ♒
射手 ♐	處女 ♍	雙魚 ♓
魔羯 ♑	牡羊 ♈	天秤 ♎
寶瓶 ♒	金牛 ♉	天蠍 ♏
雙魚 ♓	雙子 ♊	射手 ♐

(4)「♀金星」和「♂火星」落在對立的星座：

「♀金星」和「♂火星」若是落在對立的星座上，則呈現的性愛風情是：「性」、「愛」分離的。也就是說「有愛無性」或者「有性無愛」。總之在性愛的天秤中，可以接受其中一端的僅存，即為我們俗稱的「靈肉分離」。就是只有「sex」或只有「愛」的發生。

牡羊 ♈	天秤 ♎
金牛 ♉	天蠍 ♏
雙子 ♊	射手 ♐
巨蟹 ♋	魔羯 ♑
獅子 ♌	寶瓶 ♒
處女 ♍	雙魚 ♓
天秤 ♎	牡羊 ♈
天蠍 ♏	金牛 ♉
射手 ♐	雙子 ♊
魔羯 ♑	巨蟹 ♋
寶瓶 ♒	獅子 ♌
雙魚 ♓	處女 ♍

以上四組配對，是主要的星座能量分類。有相似、和諧、衝突、不相容的情形。一旦在表列中碰上，馬上顯現。至於不在上列四組中的情形，不代表沒有作用。而是星座能量遇到彼此時，會呈現隱性作用力。若是不和諧時雖然不會馬上讓你清楚知道，但底層下仍然會長期帶給你隱性的壓力，為星圖中內在潛藏的病源。

【婚姻篇】

現在我們要進入第二個階段：「婚姻」。

當進入婚姻之後，星圖中【⊙太陽】、【☽月亮】所主導的關係是最為重要的。事實上，在生活裡有很多的夫妻，有些是話不投機，一開口就是意見不合或是衝突不斷，卻也相安無事幾十年。有些夫妻則是品味嗜好不同：太太是性感辣媽，外加大姊頭、先生是保守得不得了，外加溫和木訥；先生喜歡夜市小吃、太太則是鍾愛米其林法式餐⋯⋯；先生是燜燒鍋、喜歡闔房裡的所有事，太太呢？精力投注在生活裡所有的新鮮事上，K

歌、下午茶、逛街、回到家都還在幫朋友想問題的辦法：「怎樣對付那個狐狸精…？」。等到上了床，闔上眼數到三，呼聲像是喧示著「不要吵我啦！」，就這樣一年四季，共開花四次。老公雖然沒輒，但還是疼她得不得了。

所以，夫妻關係也許在☿水星（溝通、思想）、♀金星（嗜好、品味）、♂火星（Sex）方面不協調，但都還不是大問題。在婚姻這個階段，夫妻相處是全面性的，而【⊙太陽】、【☽月亮】正是夫妻角色重要位子的呈現。所以，【⊙太陽】、【☽月亮】的能量互動，能不能相容和諧，意謂著幸福指數，佔了關係的六成以上。

對女生而言，⊙太陽指的是在她們生命中重要的男人。包括：父親、先生、兒子。在這個兩性主題中，⊙太陽便是指她們的「先生」。☽月亮就是女生自己。

對男生而言，☽月亮指的是在她們生命中重要的女人。包括：母親、太太、女兒。在這個兩性主題中，☽月亮便是指她們的「太太」。⊙太陽就是男生自己。

♂火星雖然可以看出女生們所欣賞的男士類型。但進入婚姻關係時：

(a) 當你們夫妻在外面活動時，彼此會用⊙太陽的能量來相處。在家的時候，則要看兩個人的☽月亮星座是否和諧。

(b) 妳眼裡面的先生，在妳心中的形象正是妳的⊙太陽星座所落入的星座原型。

比如：太陽牡羊的女生，則妳眼中的先生，本質上不會是軟弱的人，都有強人、鬥士的特質。對生命充滿活力、很有自信、獨立自我的人。

比如：太陽處女的女生，則妳眼中的先生是一個嚴謹、挑剔、重細節分析、工作努力的男人。

所以我們每個女生都可以從自己的⊙太陽星座以及相位，以此類推，來得知先生類型。這一部份會在【婚姻篇】下個章節的【12類型的先生】詳述。

(c) 你眼裡面的太太，在你心中的形象正是你的☽月亮星座所落入的星座原型。

比如：月亮牡羊的男生，都有一種感覺：太太總是對外人和顏悅色，只有你知道她的脾氣壞得不得了，在家像母老虎，戰場都在家裡，有情緒就發，完全無法克制。而覺得太太是很自我的人。

比如：月亮處女的男生，則你眼中的太太，雖然不會撒嬌但是卻很實際。

會做家事、而且很有效率。人生很會作計劃、有紀律而且是一個很有責任感的女性。凡事叮嚀好多次而顯得嘮叨。很容易焦慮、自我批評、即使跟別人比起來她已經夠好了，仍然常常挑剔她自己。所以我們每個男生都可以從自己的☽月亮星座以及相位，以此類推，來得知太太類型。這一部份會在【婚姻篇】下個章節的【12類型的太太】詳述。

(d) 簡單說：

（男生）⊙太陽星座代表的是你自己的原型。

☽月亮星座是你的太太類型。

（女生）☽月亮星座代表的是妳自己的原型。

⊙太陽星座是妳的先生類型。

女生要看【⊙太陽】：12類型的先生

⊙太陽星座是女性的伴侶原型，其實是女性自己意志的投射。這些⊙太陽的原型原本是妳自己身上具備的特質，只是期望能由一個更陽性的角色來承擔。（女生的星圖裡要看⊙太陽的位置）同時，也是男生自己的⊙太陽。

所以，以下⊙太陽的敘述，男性、女性都可以看自己的⊙太陽星座。同時，如上段所說的，妳會以這個期望來選擇妳的丈夫。

● 太陽在牡羊座 ♈

先生絕不是一個弱者。所以，這也使得妳欣賞強者，包括對朋友的選擇也是如此。活潑、直接、大方、熱情面對生命。有企圖心、領導力、有衝勁、行動力。是一個很具原創精神的大男人。一生要的是過程風光，所以大膽、積極、任性、狂熱、冒險正是妳對他的認知。

不喜歡平靜的生活，當一個目標完成時，他會再繼續追求下一個目標。因為新目標的追求，才能激發他不斷的成長與創新。所以，他的一生會經歷比別人多的戰役。是「領頭羊」，具有大哥氣度的格局。很有目標性，獨立行事，自我性很強的男人。

● 金牛座 ♉

妳的男人很有金錢意識、有經濟、商業頭腦。特別重視物質資源的擁有。他不喜歡多元、複雜的狀態，所以很少和人有糾紛。若是為了金錢，而必須和別人算計、汲取、謀略…，他寧可不要。

喜歡單純地靠自己努力賺取，來享受生命一切美好的生活。會用自己的金錢去營造他要的愛情世界、藝術品味、音樂、美食、感官享受…。

妳的男人很固執哦！專注、持久、穩定、踏實、值得信任，是可以委以重任的人。唯一的缺點，就是對擁有的人事物很執著，不讓別人碰自己的東西，但是是一個『不貪心』的人！

● 雙子座 Ⅱ

其實金牛很懶的。容易在35歲左右，並且事業有成之後，會不想再前進了。

妳的男人是一個喜歡分享，溝通，說話的人⋯。很有理解力、腦筋靈活、聰明、好奇心強、多才多藝的資訊百科站。所以，他不怕社交、口齒清晰、伶俐⋯。

在朋友圈中很受歡迎。因為他是一個可以接受多元面向的人，所以和朋友相處不會因觀點不同而有衝突。

要了解一點，他們可以和別人談很多事情，說天說地，但就是無法表達自己的情緒（雙子不是不願意說，而是說的都是發生的事件，但聽不到他本人的情緒。天蠍是不願意表露、不願意說）。

容易厭煩，所以喜歡多元，而且常常一心多用，互動時常常同時做兩、三件事。你（妳）真的不用對雙子生氣，只因為一邊和你（妳）說話、一邊看TV、還一邊看報紙⋯，而認為他（她）們在互動時「不專心」，很不尊重你（妳）。

凡事不喜歡深入，不常發脾氣。雙子是一個很自在的人，因為很能應付自己和別人，不會真正表達自己的立場，所以，也就不會真正的得罪別人。

●巨蟹座 ♋

妳的男人，本質很敏感、懷舊、善良、有同情心，節儉、愛家。記憶力很強，對他說過的話都會記得。對「自我意識」沒有安全感，所以會隱藏自己的情緒，很怕受傷，以致於自我保護的意識很強。

對別人的情緒、思想有直覺。擇偶時，最高的指導原則為「安全感」。會把錢、房子當成安全感來立基，所以會想要擁有自己的房子。喜歡食物，不喜歡性，因為 sex 的強度，太具侵略性了。

你的男人不會去發展大量的男性意識，很有母性氣質。很看重、呵護你們成立的這個「家」。會找一個強悍的太太，怕太太型，喜歡媽媽型的女生，其內在潛意識是要一個母親型的保護角色。不是要找情人。巨蟹不輕易離婚，這代表「媽媽」角色的喪失，對他打擊會很大，所以，希望有一個穩定的家，會重視表面的殼，可以將情感與家分開看待的。

● 獅子座 ♌

妳的男人，大方、慷慨、熱情、幫助弱小、樂觀進取、歡樂、自負、爽朗、寬大、奢侈享樂浪費的人。獅子是很誠實、單純的人，不會掩飾內在，要小心被拍馬屁而受慫愿（有一位獅子男在風光時，只要別人嘴裡稱他為大哥，常常一個晚上三攤下來，買單的全是他。而且來吃喝的人，不一定要很熟的朋友）。

希望在別人眼中是高貴的、明亮、受歡迎、注意、受崇拜、有掌聲、如同閃亮的明星。風頭對他很重要，當獅子沒有名氣時，就不快樂。因為自信等於能量。獅子不論出身好不好，都有天生的尊貴感。

是一個不功利的人，會為大家想，像陽光普照大地一樣，喜歡照顧弱者。無法處理複雜的人際關係。天生有階級尊貴的意識，對佣人不會有罪惡感，喜歡人家服務他。但獅子的大方，有一點即可看出，若是上六星級飯店，也會帶佣人一同前往的。

● 處女座 ♍

妳的男人是個嚴格、細節嚴謹、批評分析、規矩、不大牌、不高調的人。處女愛乾淨、整齊，斯文。（我常聽到很多處女座的家人說「那有！不是說處女座的有潔僻嗎！？為什麼房間亂七八糟的。」附帶一說：若是居家生活上，是要看☽月亮在哪個星座。因為☽月亮也掌管居家生活的狀態。搞不好剛好這個人是【☉太陽處女＋☽月亮雙魚】那當然像雙魚的混亂啊！）

處女座很喜歡看書，是有智慧和學問的人。安靜內向愛沈思。有點害羞膽小，不善交際，在群體中（尤其到陌生場合時），容易感到緊張不安。天生容易緊兮兮，很重秩序感，受不了混亂沒紀律。對於生命的變化影響了原先的計劃時，常令處女座焦慮不堪。

是組織中重要的秩序掌控人。不耍大牌、也不會有架子、不會膨風、是個守本份的人。並不是很有才華或耀眼的人，但卻是很清楚要透過勤能補拙以及更努力，才是他的後天優勢。很會分析、看重細節、精益求精、有時是很吹毛求疵、鑽牛角尖的人。

● 天秤座 ♎

妳和妳的男人相處平和。妳的男人長得 Balance、不難看、古典的、不突兀但也不奪目。乾淨、端正而不拘謹。男、女天秤都有中性的特質，也就是說：男天秤是最不陽性的，不像牡羊那麼 Man。而女天秤則是除了女生在射手座外（像小男生），個性最像男生的星座了（其實女天秤除了外表像女生外，其個性一點都不女性化的）。

天秤很清楚別人的需要，也在乎別人的需要，所以會配合對方，想要面面俱到，以致常常猶豫不決。天秤很在乎人際關係的平衡與和諧，卻往往在人際關係裡，內心最容易感受到不平衡和不和諧的問題。天秤會用迂迴、外交官式的技巧來達到自己的目標。當你問天秤看法時，他們不會說真話，也不會說謊話，但會說委婉的話。

妳的男人不喜歡火爆、粗魯、粗俗、骯髒。容易在私下生活忍氣吞聲，一再退讓，所以會有霸道的另一半。容易在不平等的關係中，甘之如飴。會把對婚姻的期待，轉到朋友上，所以一般而言天秤是很在乎朋友的。這是一種不自覺的替代性角色轉移。

● 天蠍 ♏

天蠍在生命的早期會經歷家庭中的重大事件。比如：家族中有人死亡、外遇、暴力、生命的種種苦難、有人離婚、喪父、黑暗的家庭風暴，這些事件若是換成射手、獅子來經驗，感受就不會太大。但天蠍特別容易對生命的黑暗、死亡…這類社會禁忌的情境，感受性很敏銳。所以天蠍都有早熟的現象。由於對環境的幽微處很敏感，所以，有很多保護自己的經驗。

妳的男人，本質上在乎感情，這種強烈、濃厚、專注、深沈的情感，常常被轉化成一種統稱為「顛峰經驗」的需要。有時候是濃烈的愛慾、有時候是強烈的疑心病和佔有慾、有時是衝突的怒火及妒嫉心。有強烈的好惡之分，忠心卻最恨背叛。

妳和妳的男人，都很不容易被了解，即使結縭30年，也像是懷著某些祕密在生活的人（這與生命中的黑暗面有關）。你們有吸引力，像是熊熊的火焰，有溫度、很隱藏的，防禦心很重，不隨便也不願意拋頭露面或與別人分享你們的生命。有偵探別人的習慣，潛意識下是一種很幽微的控制性，常會給別人情緒壓力。

● 射手 ♐

妳的男人樂觀、自信、活潑、坦誠、大方、浮誇、很像永遠長不大的小孩。具知性、感性、理性的特質。喜歡新的經驗，注意力常常無法持久或集中。由於喜新厭舊，所以射手是很難成為死黨的。當人們和射手當了朋友之後，很自然地會被排在最後。

射手很能表達自己的情感、熱情、寬大、說話直接、卻一針見血、容易得罪別人，但都意識不到這個嚴重性。因為自己覺得這也沒什麼大不了的，而連帶認為別人應該會和自己的感覺看法是一樣的，而不以為意。

是個很喜歡分享自己知道的人，但是有專制的傾向，射手只相信自己看到的那一面，看不到另一面的存在。好爭論，會和別人吵架，是很容易發脾氣的人。熟朋友都對射手有過這種經驗的記憶，就是射手的直接，導致會有拆主人台的狀況發生（比如：有個場合請射手致辭，結果是一上台就說「我不知道幹嘛要辦這種活動，茶點、動線……根本不應該這樣設計……」）。（這時候一般主人會冒冷汗、三條斜線就掛在頭旁。）

有小丑、喜劇、幽默的傾向，不嚴謹而喜歡開玩笑、有點誇張的星座。射手是很好的 sales，因為他們會對產品產生信仰，而根據這個他信仰的力量來銷售，多半讓人感覺到有點像傳教士，這在銷售上是有力量的。

適合作自由業。喜歡自由閒散的生活，認為「工作」不能只是為了賺錢。一生都有家庭以及社會貴人。

● 魔羯座 ♑

妳的男人沈默、不多話、嚴肅、老成、踏實、謹慎、較冷、不易親近。遵守傳統、倫理、自律、服從制度，是個很少為自己惹麻煩的人。果斷、堅持、堅忍、實際。事實上，跑得快不見得好，魔羯雖然走得慢，卻是個天生的贏家，能累積財富和勢力，是個晚發的星座。

在組織裡，會努力勤勞、很聽話、服從權威的人。天生很懂政治，也很清楚如何為自己的權力佈局，所以會很機靈地意識到利用環境機會來達到自己的權力地位。有不躁進、等待、長跑的特質。對大權、掌權、高位很有興趣。

魔羯看不上弱者，會一路淘汰朋友。他們會在每個階段從那個層次的成功人士典範中學習及複製，是最不恥下問的人，所以魔羯是脫胎換骨最徹底的人。感覺生命並不容易，所以每個人應該要對自己負責，天下沒有白吃的午餐，對那些四肢完整，卻不上進只會終日抱怨的人，內心是非常不屑的。

魔羯有一種殘酷、殘忍的本質，無法給予愛與關懷的。也比較不談情面的，較重自己的利益（天蠍最大的痛就是太重感情了，以致於會養一堆對他沒有利益的冗員，而只是為了回報一份情義。但是魔羯會以當下的現實利益來取捨。）很有責任感，會把責任放在生命的歡愉之前，而遞延享受的。

● 寶瓶座 ♒

妳的男人給妳很大的空間，不會管妳的，像是無政府狀態。他是個很重精神層次以及要有很大的心靈自由空間人。自由、特立獨行、標新立異、與眾不同、反傳統、疏離、古怪、性情乖僻。寶瓶有一個內在世界運作是獨立完成的。他們只要稍稍感覺任何一個面向走入老化、固定或者膩了、厭煩了的時候，就會馬上無預警地改變，這個機制連寶瓶本人未必能掌握或了解，所以內在很不容易穩定下來。

好學、有思想、友善而合群、活潑、善變、很喜歡交朋友，但不喜歡一直密集連結的關係。對完整的自由（特別是心智心靈的自由）的需要到很嚴重的地步。天生有進步的觀念，很特別的人，和世界的關係也很疏離。絕對不能忍受被拘束。表面的寶瓶和朋友相處得很好，具有客觀、理性、抽離的能力，從不會想要影響、說服或干預別人，但是他們骨子裡卻是非常地特立獨行、非常地固執。

對於自己所要去作的事，不會理別人，也不會和別人鬥，是靜悄悄的革命者。不管別人同不同意，有自己的堅持道路。寶瓶有內在的自命不凡，他們的自信自傲，是不需要靠別人來完成的（12星座中真正的自信者，不是獅子座而是寶瓶座。因為獅子的明星、國王…需要有 fans 與群眾，仍需要別人的合作才能完成。寶瓶不需要的。他們不需要 fans、追隨者或者別人的傾慕、崇拜，可以獨立完成的。）

會有傳統的人際關係問題，討厭親戚、岳父岳母之間的來往那一套，真可說是：「疏離的現代化世界」。和人有淡淡的關係，不喜歡親密關係。腦中有自己的世界，覺得不需要解釋一大堆，總覺得人際間就是一大堆的廢話，所以他們不會去交待細節，也討厭別人問他們細節（比如：一般太太會要求先生只要出門就要交待所有行程的細節，包括回家的時間。但是寶瓶的先生光在這個邏輯上，就足以讓伴侶氣死了。因為他說：「當妳看我不在家的時候，就代表我出去了，為什麼還要多此一舉，說句『我要出去了』這類無意義的話呢！」）。

● 雙魚座 ♓

妳及妳的男人感性、有強的直覺力、想像力、有理想主義、善於築夢的人。非常柔軟、親切、有慈悲心卻沒有智慧判別力、能提供無條件的愛與包容、有犧牲精神。雙魚有偉人意識，很喜歡幫助弱者，聽到苦難聲，像是蜜峰聞到蜜（這常讓他們捲進複雜的人際關係中）。一旦對方強壯起來之後，他們會再去尋找下一個可憐的人。奇特的是，雙魚也依賴強者。事實上，很多雙魚的人，會在強者底下（強者也許是配偶）展現柔軟受照顧，但同時在外面尋找一個表面更弱的人來讓他們的靈性之愛有施展的地方。這就是雙魚一生總在扮演著「救贖者」與「受害者」的兩種角色。

雙魚因為是海王星守護的關係，情感的本質氾濫，很不穩定。一生雙魚都與感情的學習有關（不單指愛情）。海王是靈性的愛、宇宙的愛、無條件接納的愛；而金星是世俗歡愉的愛。所以，海王雙魚的愛一旦在世俗中落實，去交往一段男女情愛，那註定會有深深的失望。因為一旦落實下來，飲食男女的感官之愛，一點都不美了，怎麼有辦法能滿足雙魚海王所要的靈魂之愛呢！

內在永遠有二條魚，一條是水平隨波而游的魚、另一條是奮力向上游的魚。這是他們一生必須去整合的內在矛盾，與對人生方向的舉棋不定。他們的靈魂處在一個不真實的世界裡，現實感很低。

有藝術家的性格，卻沒有藝術家的能力，因為藝術家也得工作，真的去畫幾張畫作吧！雙魚是夢工場，作夢的人，而且夢的力量很大，但實踐夢是要有紀律、耐心和責任的，有時候更要忍受痛苦與挫折，但雙魚沒有辦法。舉個例子：雙魚提到他的夢想時，總是說「我想蓋個孤兒院！」這聽起來真的是令人感動而且是很有愛心的想法。但問題是：他常常喝酒、上夜店把錢都花光光。下次再提到時，他還是會告訴人們「我想蓋個孤兒院！」。若是處女，也許就會開始計劃並且每個月固定從薪水中提撥一部份錢出來，是不准花用掉的。

不過，不要懷疑雙魚當下的那份情感。慈悲是真的、同情也是真的、想要做一些事的心情也是真的，因為雙魚有很多很多的愛。只是實踐能力對他們而言，很難做到就是了！

很喜歡享受，容易耽溺在逸樂裡。雙魚很懶惰的，無法忍受痛苦。常有逃避的傾向，非常沒有現實感的人。

活力不够、虛弱、同時也帶來性格上較懦弱的展現。雙魚常常會發呆，遊走在無意識中，所謂的無意識就是連雙魚本人意識也無法覺知到的，就是「空無」了，那是「不在」

的感覺。雙魚的本質裡，會隱約露出一種靈魂飄飄的、出世的、神祕的氣息。

男生要看【☽月亮】：12類型的太太

☽月亮星座是男性的伴侶原型，其實是男性自己對潛意識、情緒、內心真正的想法、安全感這種陰性能量的投射。☽月亮的原型原本是男性自己身上已具備的特質，只是期望能由一個更陰性的角色（太太）來扮演。（男生的星圖裡要看☽月亮的位置）同時，也是女生自己的☽月亮。

所以，以下☽月亮的敘述，男生、女生都可以看自己的☽月亮星座。同時，如上段所說的，男性會以這個期望來選擇你的太太。

●牡羊座 ♈

這個☽月亮的原型很自我、自主。時刻需要越親近人的注意。女強人型，雖然熱情，但是脾氣卻很壞，像個小孩子，情緒很騷動的，如同老虎，脾氣統統在家裡發，而且越親近越容易發，對家人就顯得缺乏耐心。

●金牛座 ♉

這個☽月亮原型很務實、能幹、能提供舒適的家居物質生活。情緒很穩定，不容易表現出熱情。喜歡吃、喝、感官、舒適的房子，很懂得享受人生所有美好的感官生活，而帶給☽月亮金牛很大的幸福感。

不喜歡生活帶來變化，算是保守但值得依賴的伴侶。他（她）們的安全感、情緒深受財務狀況的影響極大。雖然愛錢，但是不愛賺錢。一般回到家後會很懶。很喜歡舒適的家居生活，會把錢花在舒適的生活上。

●雙子座 ♊

這個☽月亮原型是一個聰明、機智、和他（她）們越熟越愛說話的人。天生幽默、回應極快，有雙子在的場合，可以從頭笑到尾。

不喜歡緊密的家居生活。在家愛說話，但是即使說話，都很少有情感的流動，與家人不喜歡有深度對話。要像一般泛泛之交的朋友，不喜歡黏也不喜歡伴侶黏他（她）們。

巨蟹座 ♋

這個☽月亮原型很情緒化，對家人很好，會像母親般照顧家人。家庭觀念很重，覺得家人和自己是一體，不可分割。

很喜歡家庭活動，男性到老仍會依賴母親和妻子。重感情，喜歡老情感，也因此自己就成為具有母性的人。情緒上很敏感，很容易受傷。對巨蟹而言，食物與☽月亮帶來的感受常常是相通的。

獅子座 ♌

獅子與愛情、子女有關。所以這個☽月亮原型很看重愛情、也以疼小孩出名的。家庭是獅子的劇場舞台，私下的他們是開朗、熱情、自信、尊貴的王者。常常對家人是很慷慨地給予，很少向家人要求自己需要的東西。感情像赤子，不吝給他人情感，忠心。

男性的太太強勢，是家中真正的主人。然而，其實你內在有一個巨人，很需要家人真正的尊敬與敬重。☽月亮獅子比太陽獅子還愛玩、享樂。男性一生會受強勢女生的吸引，有強勢的女性朋友，但又不希望被踩在腳底下，可是不強的女生又吸引不了他（源自於生命早期，來自強勢母親的女性形象，已習慣女性作主的狀態）。但又覺得男性角色無從展現的問題（來自父親在強勢母親下的形象）一般會有性別認同的問題。

● 處女座 ♍

這個☽月亮原型很容易看到不完美的地方，形成挑剔嚴格、缺乏自信的人格特質。安全感與情緒都受工作與健康狀態的影響。勞碌、工作狂、強調健康飲食。嘮叨、挑剔、難以取悅的，所以，處女有情緒隔絕、障礙、壓抑的傾向，無法表達熱情與情感。

會把完美主義表現在日常生活中，對秩序有強烈的堅持，很會細節分析、導致焦慮感很重，對很多事都放不下，所以容易緊張，有嚴重的自我批判傾向。處女的情感是透過替家人伴侶服務、做事情來表達的。

● 天秤座 ♎

這個☽月亮原型優雅、有教養、不粗魯、有禮貌、和諧的氣質。安全感大部份來自家庭氣氛和諧、伴侶關係良好，對婚姻抱著高度期待，但失望也很大，常會被轉移去依靠朋友。很怕家庭動盪，家庭生活不可以有糾紛，所以特別會忍氣吞聲、妥協。『伴』

對☽月亮而言很重要。很受熟人喜歡，會考慮別人狀況，不喜歡和別人在情緒上爭論。

天蠍座 ♏

這個☽月亮原型源於生命早期，來自女性所遭遇的黑暗、創傷，即使這些女性不願多說這些事或祕密，但☽月亮天蠍就是能感受到她們的痛苦及創傷。童年生活裡有很大的衝突，有人不快樂，所以對生活很敏感，很能用潛意識去感應生活周遭人的底層感受，容易讀別人的心，能體會理解別人的情緒與想法。是以直覺在了解事情的。

☽月亮天蠍必須學習從過去的創傷中解脫。很敏感、多疑、情緒中隱藏著某種負面、憂鬱、罪惡感以及自我憎惡的情緒。愛恨分明，情緒非常強烈，大部份時候不願意與親密的伴侶分享自己的內心，什麼都不願說出，新的、舊的創傷就又被壓入深深的底層。會以隱藏、迂迴、暗示的方式來控制佔有。有很強的佔有慾，不會喜歡隨便的關係。

射手座 ♐

☽月亮射手的人很獨立、不女性化、不溫柔、感情上很熱情、個性開朗、樂觀過日子，急性子、但通常性情暴躁。不細心、不體貼、不溫柔、大剌剌的。愛好自由、好動、喜歡旅行、學習、居家生活是很動態的，朋友會覺得他們像個過動兒。

情緒很誇張，容易暴跳如雷，接著又會自我解嘲一番，有時會讓周遭的朋友感到受不了。射手總會在生活中去嘗試體驗，不論結果結何，都會形成他自己獨特的生命觀。他們永遠是最喜歡現在的地方。特別愛花錢。

● 魔羯座 ♑

這個☽月亮原型與母親較無緣。自小在情緒上完全沒有得到慰藉，很容易沮喪、無精打彩、過度憂鬱，內在沒有安全感，感覺人生有很多辛苦。在情緒上是有點冷酷，會將情緒放入鐵罐裡。因為認為情緒對事情本身的發展跟解決沒有幫助。從另一個角度來說，☽月亮魔羯是很實際的。但這種實際放在☽月亮的位子時，會阻礙☽月亮扮演滋養親密的功能。以致在親密關係中，他（她）們情感的交流很少，比較沒辦法付出，所以較無法享受歡愉的生活與培養親密的關係。

保守、小心、謹慎、嚴肅、冷漠、負責、勤奮、事業心、嫉妒心重、一心追求成功的人。會過一種儉樸的生活，能節制、規律、腳踏實地朝目標前進。

這些被無意識地封鎖起來的感覺，被他（她）們轉換成對『錢』、『房子』的需要。因為，「錢」＝「安全感」，很怕金錢喪失了，所以比較小氣。所以，我看到很多☽月亮魔羯的人，把☽月亮情感轉向金錢，而且都很喜歡買大房子。所有對親密的需要，全被轉換成很實際的物質，因為這才能提供他（她）們一生的安全感。

● 寶瓶座 ♒

這個☽月亮原型與母親較無緣，不會約束或管制他們的。母親原型是很特立獨行、疏遠的。寶瓶內在有自己的一套邏輯，情緒上很疏離，較冷淡，情緒的發展也較封閉。

不傳統、很獨立、頑固、特立獨行的。反抗性十分強烈，所有社會主流約定俗成的模式，不會信這一套的。十分標新立異。也許個性古怪，但很少記仇，情緒很天真、友善。

小時候家庭生活常常變動，不那麼傳統的童年生活，家裡常有外人來來去去，或者在不同的家庭裡生活，以致內心狀況較不穩定。所以情緒容易突然的激動、變化、也不容易有熱情、親密感。對男生而言，會有一個讓他自由的太太，像母親一樣不會管他。而女生，則會在親密關係中有點困難，因為另一半會覺得她像外人。

● 雙魚座 ♓

這個☽月亮原型有藝術家或夢想家傾向。敏感善良、親切、溫柔、很有想像力。很有慈悲心，是個大好人，會為家人犧牲。很難對人 say「NO.」，會默默忍受。這種神聖的靈性品質要小心被利用或欺騙。

內心善感、情緒十分脆弱、依賴性強、會逃避現實。無意識像塊海棉，很容易受環境影響，也許一個陰天、雨夜、天色變化，情緒就會像大海般波濤洶湧，情緒很不穩定的。由於太敏感了，會找尋出口，這點要格外小心，有些會藉酒、藥、毒、愛…營造一個可以退回去的地方。雙魚一向有癮頭的！

由於海王守護的雙魚，一生都與愛有關。不是金星的感官愛，而是靈魂之愛。所以雙魚一生都在尋覓靈魂之愛，在世俗的愛情中受挫的情形很高。所以，內心常常感到空虛、寂寞，生命方向不確定，是靈魂不安的人。常常在迷霧之中，沒有安全感也沒有主見。浮浮沈沈一生。走入宗教或藝術的雙魚，精神會比較穩定、平靜與飽滿。常常處於出神發呆狀態，其實自己也不知道自己在做什麼？要做什麼？這種善感常會滲透到愛情裡面。

對愛忠實，但不對人忠實，會被自己幻想的海流帶走，而捲入複雜的人際關係之中。

容易感受到家人或他人的情緒痛苦，在金錢上很大方，沒有現實感。比太陽雙魚更容易為家人付出。

夫妻親密關係的呈現：日月（☉☽）

1. 【☉太陽星座 vs ☉太陽星座】和諧時：

若是倆人的☉太陽星座和諧時，當一起出門在外活動，別人會感覺到你們相處得還不錯。

大家可能都有一個既定印象，就是會常聽到類似：「妳是天秤，他是寶瓶，你們都是風象星座耶，很合啊！」其實除非你們未來會一起創業共事，不然這個邏輯並不是在親密關係中最重要的選項。這個【☉太陽星座 vs ☉太陽星座】較適用在一般關係。

相處之道：很適合一起參與外在活動、社交。若是一起創業或者共事，較能建立共同目標。價值觀、作事方式、風格、自我意志的表現上屬性比較接近。

（附表）和諧的組合是：

你的⊙太陽	伴侶的⊙太陽
牡羊♈ 獅子♌ 射手♐	牡羊♈ 獅子♌ 射手♐
金牛♉ 處女♍ 魔羯♑	金牛♉ 處女♍ 魔羯♑
雙子♊ 天秤♎ 寶瓶♒	雙子♊ 天秤♎ 寶瓶♒
巨蟹♋ 天蠍♏ 雙魚♓	巨蟹♋ 天蠍♏ 雙魚♓

2.【⊙太陽星座 vs ⊙太陽星座】不和諧時（一）：

若是倆人的⊙太陽星座不和諧時，那麼當一起出門在外活動，別人常會看到你們時有爭執、吵架、冷戰臭臉、或者會互相吐嘈！價值觀、作事方式、風格、自我意志的表現上較衝突、是不相容的能量、無法化解的。長期下來，無法從對方身上學習到不同的特質。

比如：巨蟹 vs 牡羊

巨蟹在乎與堅持的內在安全感、以及對家的守護，和牡羊追求人生的自我實現與風光的自我，在在都無法在兩人之中找到一個平衡點。巨蟹永遠不會想要牡羊的那種戰役人生。

相處之道：減少一起參與外在活動、社交的頻率。要避免一起創業或是共事。

（附表）不和諧的組合是：

你的⊙太陽		伴侶的⊙太陽	
牡羊♈	天秤♎	魔羯♑	巨蟹♋
金牛♉	天蠍♏	獅子♌	寶瓶♒
雙子♊	射手♐	處女♍	雙魚♓
巨蟹♋	魔羯♑	牡羊♈	天秤♎
獅子♌	寶瓶♒	金牛♉	天蠍♏
處女♍	雙魚♓	雙子♊	射手♐

3.【⊙太陽星座 vs ⊙太陽星座】不和諧時（二）：

另一種⊙太陽星座的不和諧，是兩種互補性的特質。屬於凶中帶吉的類型。就是說這種組合提供了一個可能性：從伴侶身上學習一種平衡自己過度性格的特質。這是一種中庸的學習。不過，對立時也是衝突最嚴重的一對。

所以，當一起出門在外活動時，別人會有一種 Image：這戶是「男人當家」、或「女人當家」。

容易分開或者有名無實。嚴重的、對立、衝突最嚴重。個性很極端、爆發力強，有很大的衝突性。但有強的驅策力，在親密關係中會是大好或大壞。

比如：巨蟹 vs 魔羯

巨蟹對家與內在安全感的在乎是相當堅持固守的，然而魔羯也是追求安全感，只是他要一個更大的社會舞台，而不只是「家」的安全感而已。兩者都是對家很有責任感的人。他們所追求的是同一個銅板，只不過是銅板的兩面罷了。

別再哀怨了，巨蟹！魔羯已負起養家的責任了，房貸、教育費、生活費、旅遊費⋯⋯；他身上已背著重重的責任了。你也許會覺得他不夠溫暖、浪漫、不會安慰妳、嘴巴也不甜⋯⋯。

但是你可以從他身上學習不要過度敏感、受傷。實際的、穩健的、可以讓妳安心依靠的大山。

相處之道：可以一起參與外在活動、社交。但最好由其中一個人帶領，另一個完全不要主張自我、或者發展自我，那麼就會相安無事。

可以形成表面的和諧。有時還是別人羨慕的夫妻檔呢！不過長期下來，一定有一方的自我是受到壓抑的。若能成熟地從對方身上學習完全不同的特質，而不是一種無奈的犧牲，是很重要的。

（附表二）不和諧的組合是：

你的 ⊙太陽	伴侶的 ⊙太陽
牡羊♈	天秤♎
金牛♉	天蠍♏
雙子♊	射手♐
巨蟹♋	魔羯♑
獅子♌	寶瓶♒
處女♍	雙魚♓
天秤♎	牡羊♈
天蠍♏	金牛♉
射手♐	雙子♊
魔羯♑	巨蟹♋
寶瓶♒	獅子♌
雙魚♓	處女♍

4.【☽月亮星座 vs ☽月亮星座】和諧時：

如果☽月亮星座和諧，那麼恭喜你！因為你們的家居生活相處得很不錯。

☽月亮星座的配對是在親密關係中最為重要的。因為☽月亮同時代表家居生活、財務處理觀、飲食…所有家的一切。☽月亮是一個人的全面能量，影響所及有：情緒感受、安全感、歸屬感。

在兩人形成的親密世界裡，註定無可避免地，幾乎是人生各個面向都會觸及。所以☽月亮的狀態最終決定了幸福指數。夫妻可以☉太陽不合，頂多不要一起參加活動或創業，各交各的朋友，做各自的工作，但可以在家居上互動得很棒！

可以話不投機、飲食喜好不同、也許上床的次數很少…，但卻感覺到幸福滿溢。因為☽月亮帶給她很大的情緒與親密的滿足。所以，親密關係裡最怕的是☽月亮受剋。

（附表）和諧的組合是：

你的☽月亮	伴侶的☽月亮
牡羊♈ 獅子♌ 射手♐	牡羊♈ 獅子♌ 射手♐
金牛♉ 處女♍ 魔羯♑	金牛♉ 處女♍ 魔羯♑
雙子♊ 天秤♎ 寶瓶♒	雙子♊ 天秤♎ 寶瓶♒
巨蟹♋ 天蠍♏ 雙魚♓	巨蟹♋ 天蠍♏ 雙魚♓

5.【☽月亮星座 vs ☽月亮星座】不和諧時（一）：

萬一☽月亮星座不和諧，那麼就會在所有居家生活的細節上衝突不斷，財務處理、食物料理、對安全感的想法完全不同，互相挑剔、抱怨、干擾、限制⋯⋯。有時對方倒杯水你都會看不順眼，非沖對方幾句不可，或者有時候連對方叫你的名字，竟然會內心嫌惡。

你們倆的個性很不同，不同的價值觀、會冷戰、感情不協調、沒安全感，在關係中充滿著困難。內在能量不和諧、內耗、疲倦、拉扯。

相處之道：減少同時在家的時間。最好在外面忙晚一點，回家就是休息睡覺了。從經營這份關係來說，請你要格外理解，存在你們之間的衝突，更有賴你用各種心去包容彼此！

（附表一）不和諧的組合是：

你的☽月亮	伴侶的☽月亮
牡羊♈　天秤♎	魔羯♑　巨蟹♋
金牛♉　天蠍♏	獅子♌　天蠍♏
雙子♊　射手♐	處女♍　雙魚♓
巨蟹♋　魔羯♑	牡羊♈　天秤♎
獅子♌　寶瓶♒	金牛♉　天蠍♏
處女♍　雙魚♓	雙子♊　射手♐

6.【☽月亮星座 vs ☽月亮星座】不和諧時（二）：

另一種☽月亮星座的不和諧，是兩種互補性的特質。這種組合要從對方身上學習，如何在親密關係裡，避免帶給危及對方安全感的作為。雖然可以學習，不過，對立時也是衝突最嚴重的一對。

Ex：☽月亮處女 vs ☽月亮雙魚

雙魚男為了弟弟離婚，而向銀向信用貸款30萬。但是弟弟還是每天悠哉悠哉在家上網。最後變成他的負債。沒多久，同樣的事情又發生，朋友也是夫妻鬧得不可開交，向雙魚男借錢離婚。結果心軟，又向銀行借貸50萬，最後下場大家應該知道結果了吧！全部變成他自己的負債。

☽月亮處女知情後，也來不及阻止。結果，她開始數落他「難道你不知道……」，才一開口，雙魚男就說：「好了，妳不要再說了。」一句話。

相處之道：在親密關係裡，避免帶給危及對方安全感的作為。最好能事前思考，小心作為。

（附表二）不和諧的組合是：

你的☽月亮	伴侶的☽月亮
牡羊♈	天秤♎
金牛♉	天蠍♏
雙子♊	射手♐
巨蟹♋	魔羯♑
獅子♌	寶瓶♒
處女♍	雙魚♓
天秤♎	牡羊♈
天蠍♏	金牛♉
射手♐	雙子♊
魔羯♑	巨蟹♋
寶瓶♒	獅子♌
雙魚♓	處女♍

7. 自己的【⊙太陽星座 vs ☽月亮星座】同一個星座時：

會由⊙太陽主導，☽月亮成為隱藏角色。（男生）會壓抑自己☽月亮的感性面，而呈現過份理性、陽性、自我、不會考慮另一半的狀態。（女生）每當和伴侶在一起時，會自己主動隱藏起來，讓男性來主導。

而且不論男女，若是日月在同一個星座時，一生也多半很少 touch 自己的內在感受。每當有挫折沮喪或遭遇問題時，不會耽溺在☽月亮的情緒中，很快地回復到理性去面對處理問題。實際上是很能成事的組合，不過一生都會壓抑迴避☽月亮的情感。

男生在與親密關係裡，會以自己為主，男尊女卑。而女生則會過份發展其陽性那一面。

（附表）【自己】或【自己與伴侶】的⊙☽在同一星座

⊙太陽	☽月亮
牡羊♈	牡羊♈
金牛♉	金牛♉
雙子♊	雙子♊
巨蟹♋	巨蟹♋
獅子♌	獅子♌
處女♍	處女♍
天秤♎	天秤♎
天蠍♏	天蠍♏
射手♐	射手♐
魔羯♑	魔羯♑
寶瓶♒	寶瓶♒
雙魚♓	雙魚♓

由此可知，在情感與親密的世界裡，**☽月亮的重要性遠大於⊙太陽**。因為⊙太陽不和諧，彼此可以不要一起工作、做生意或者減少一起出外活動。**☽月亮是感受性的，當受剋不舒服時，若是☽月亮這一方沒有說出感受，伴侶是不會知道的！**☽月亮是家居生活，越親密的關係，越無法閃躲各方面不同的價值觀所帶來的衝突，呈現的都是最直接、最不需要偽裝、最沒防備的真實。

如果在閱讀這本書時，你已經在關係中了，那麼經營（包括：理解、運用你們之間其他和諧的能量，並且避開不和諧的部份）對你而言是當務之急。

如果你還沒進入重要關係，那麼恭喜你！因為你可以特別留意去選擇即將進入你世界的對象，趕緊看看他的☽月亮和你的☽月亮和不和諧！）。

二．【宮位 Houses】

我們到了這個階段建議大家打出一張專屬於自己的星圖。現在網路上都可以搜尋到支援系統的軟體。（在此提供一個網站 http：//www.astro.com 目前此網站已有**提供中文的轉譯**）

用了一輩子的中式生辰法，每一個時辰含括2個小時的概念。直到結婚前必須申請出生證明文件時，花了台幣10元就在戶政事務所申請到了一份。天啊！終於看到自己真正的出生時間，瞬間有種身世明朗之感（就是…竟然自己活到這把年紀卻不知道真正的出生時間），感動啊~此生能得到自己正確的星圖真是何其有幸！瞬間，同樣的「酉時」，星圖的上升從天秤座立馬變成上升在天蠍座。這太重要啦~

取得了自己的星圖之後，再把這十顆行星（☉☽☿♀♂♃♄♅♆♇）的「星座」、還有位於「第X宮」填入星籍資料表中。

宮位的看法，以附圖為例，星盤軸心的內圈處，有1～12的數字，代表12個人生面向的舞台，數字即標示出行星所在的宮位。然後，我們準備要再進入以下比較深的主題。

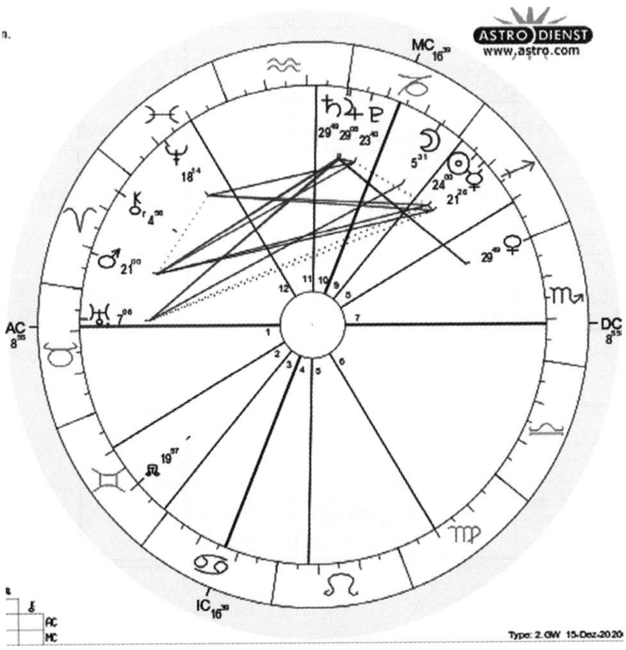

【銀河旅人】的星籍資料：

行星	自己的（星座）	（星宮）	行星	伴侶的（星座）	（星宮）
☉太陽			☉太陽		
☽月亮			☽月亮		
☿水星			☿水星		
♀金星			♀金星		
♂火星			♂火星		
♃木星			♃木星		
♄土星			♄土星		
♅天王星			♅天王星		
♆海王星			♆海王星		
♇冥王星			♇冥王星		
☊北交點			☊北交點		
⚷凱龍			⚷凱龍		

12個宮位的介紹：

1宮：命宮「我，I」自我的定義，關於「我」，一種個體的自覺。不是「某某經理」、「月入百萬的超級sales」、不是孩子的爸或媽、也不是「某某人的先生或太太」。總之不是附著任何名目的定義。界定「我」與「別人」。「我」與整個星圖的關係，以及「我」在世界上的存在，與別人是如何地不同。

2宮：「我擁有，My own」

肉體感官、身體。這東西摸起來舒服嗎？這個好吃嗎？從食物到SEX的感官品味。

嚴格說來2宮應是指我所擁有的資源。然而一般對擁有的資源最基本的就是錢財。故大部份通俗占星，會簡單去界定2宮為財帛宮。

3宮：溝通宮（手足宮）

心智與外界的溝通。

表達的是我們的心智。日常生活的事務，代表著我們如何與外界做溝通互動。手足、鄰居、短程交通、媒體資訊⋯等媒介。

4宮：田宅宮（晚年）

對外界訊息是如何感受的。

星圖的root，也是我們的根、家庭、父親、同時指的是我們的內心之家。

能量都在情緒體運作，掌管的是我們如何去感受，但別人未必知道，易受傷。

5宮：子女宮（戀愛宮、創造宮）

再生殖的體＝小孩＝複製一個自己的體。也是自我的表達。小孩與創作都是我們的再生殖體。

愛、赤子之心、創造力的表達。本質自戀的，內心小孩想連結童年之愛。

6宮：工作宮（健康宮）

效率、紀律、淨化個人欲望的收成階段。這個宮位可以看出疾病的狀態。

多半都是在乎健康，卻比別人還不健康。生病多半都是後天過勞。這是一個自我個體發展(從一宮到五宮)淨化的宮位。準備要進入下一宮與他人的合作。

7宮：夥伴宮

重要的一對一關係。心理醫師、律師、商業夥伴都是。夫妻常被定位為生命裡重要的合夥人。我與他(她)，地位是平起平坐的。

8宮：集體資源(婚姻)

共性、共財。權力、遺產、保險、死亡、稅、股票投資、開公司…社會禁忌、慾望、犯罪…等等。人類的貪瞋癡慢疑的總集合，又稱「五毒之宮」。

9宮：遷移宮

人類集體知識系統。信仰、哲學、智慧、宗教、倫理、人類集體文明知識、法律…高等知識、國外旅行、姻親。

9宮以後的宮位都跟自己的感官感受沒有關連。

10宮：官祿宮

集體制度結構、建制、公司、國家、法院。

社會主流、集體價值觀的展現。張顯的正是社會舞台的地位、權威、成就。

社會舞台、社會子宮、母親。

11宮：朋友宮（社團宮）

集體的理念、志同道合的組織。

為追求人類更好的未來、烏托邦而結成志同道合、有宗旨性的非營利組織。比如：學會、協會、獅子會、扶輪社⋯宗教團體。

12宮：因果輪迴宮

集體的潛意識、業力、祕密的敵人（事實表面上對方自己也不知道）退隱、付出、犧牲、發展無條件的靈魂大愛。精神潛意識。為下一世成為更好的人做準備。

12宮的靈修是要以自覺反省來修，反而不是宗教。

【戀愛】與【婚姻】是不同的設計意義

「戀愛宮」的奧義

5宮的能量與創造、遊戲、孩子、戀愛有關。

本命星圖中5宮內有行星，猶如內在有一個小孩，終其一生都比其他人有赤子之心。這股能量約略17～18歲，這代表你們保持內在小孩在這樣的活力狀況，不會隨著年齡而消失或忘記，即使已經5、60歲。

對得到感情的感覺有強烈的依戀。內在想要傳達與別人親密的感覺，因為我們生活在東方社會裡，約略每個人的童年會在7、8歲時結束。我們被要求要長大，不能老是像小孩子一樣任性。但5宮內有行星的人，內在仍會存在一個小孩對愛是有需求的。

5宮未必想要婚姻，而是對生命羅曼史的喜歡。5宮的本質是自戀的。我對愛的需求、本質不是一對一的關係，如同一個小孩不會拒絕別人來愛他、或者只能自己的爸爸、媽媽愛他，叔叔、阿姨、爺爺、奶奶、…不認識的陌生叔叔、阿姨，越多越好。凡任何能夠提供愛的人，不一定要熟。凡能陪你玩、打牌、給予注意力…都可以。

只有戀愛才可以讓自己變成小孩，可以small talk。

「你有沒有愛我啊？…」「告訴我…你有多愛我？…」。5宮可以和愛人親來親去、抱來抱去（這能量會在將來轉換到喜歡擁抱孩子），說著幼稚的話。

我曾有個個案，這位女士已經56歲了，但因為家族有外國血統，所以當我看到她時，很驚豔。她清楚自己的美貌魅力所在，所以30多年來，為了打發當家庭主婦的時光（等先生下班），特別請她的女性朋友當男舞伴，因為她知道若真的找男性當舞伴，一定會抱出問題來的（跳舞時要有肢體接觸）。

問題是她相當憤恨不平。因為她30多年來安份地守著這個家，拒絕誘惑，犧牲自己（她陳述著）。

我一看先生的星圖（57歲），一堆星星在5宮裡頭。太太說先生退休了三年，雖然他一直是個努力工作的好先生，但30多年來也是和朋友玩得很凶（高爾夫、卡拉ok…），現在退休了，我看他還很忙的樣子，而且常常和朋友社交、打球、唱歌⋯，甚至最近被我一位女性朋友看到他載了一個年輕的女子。

總之，5宮的愛是自戀的，最後的本質是回歸兒童狀態，召喚童年之愛、青春之愛。對愛有強烈的需求。5宮的桃花最強。（而行運進入5宮、或者別人行星入你5宮都是情境式的）

「婚姻宮」的奧義

星圖中的7宮是重要的、一對一的關係宮位。本質是平等的，不是上下關係，也是指合夥人，然而伴侶是我們生命中最重要的合夥人。所以在此書中，我們會將7宮的定義縮小到配偶、婚姻關係。7宮是一對一的關係，指的是婚姻。5宮是一對多人，指的是戀情。所以大家不要混淆了。若是你和一個5宮很重的人談戀愛，除非對方7宮內有行星，否則，5宮人未必會想要結婚哦！

宮位裡面的狀態與行星分佈，可以代表發展那個領域的機會緣份。所以，如果7宮沒有星星在裡面，意謂和伴侶的意義不會那麼強。反之，裡面若有星星，那一生必會經歷這個課題。至於這個帶來的功課是業力？還是禮物？則要看形成的相位。

相愛容易，相處難啊！Why？

占星學中的宮位設計是很有意思的。婚姻宮是7宮，然而對面的1宮是命宮。1宮與7宮是對立的。這正是為何婚姻宮與戀愛宮對一個人而言，有很大的不同。

與1宮命宮遙遙對立的是婚姻宮7宮。這就是說7宮是婚姻，而婚姻功能要能運作下去，就必須合作。此時，一定要降低1宮的自我，才能向對宮7宮走過去，也才有握手言歡的可能性。

而5宮是創造性的能量。這個5宮戀愛宮的創造（也許去談了一場戀愛），不論你做什麼都很好，愛人都是很欣賞的。愛人一向很支持、鼓勵對方做自己的。但是我們看到周遭很多夫妻，先生想去做任何小事，配偶都是不准東、不准西，就算保證了老半天，還是不准。

所以，5宮和1宮命宮形成和諧的輔助，能讓當事人的個體帶來自我的完成。但7宮的婚姻卻是抑制的、要談合作的、要配合對方的⋯。所以，在此正可以驗證何謂『相愛容易，相處難啊！』。所以，有很多人可能當初因為5宮的愛戀需要而進入婚姻的。但是結婚後卻發現，枕邊人卻是自己的隱性敵人，公開敵人，讓你無法發展自我。

從【戀愛宮】了解你（妳）的【戀愛戲碼】

戀愛宮（五宮）裡面的行星（☉☽☿♀♂♃♄♅♆♇），我們就可以發現到這個人的戀愛品質、戀愛原型、還有戀愛時和對方相處的狀況。

Ex：♂火星在5宮

初期的交往有很高的熱度與sex趣，會把性愛活動當成game，就像來到一座樂園，並有很大量的戶外活動。

Ex：♄土星在5宮

不是以戀愛、親密的方式在一起。♄土星帶來被動、退縮的能量。5宮是要很好玩的，♄土星的人在戀愛過程中不夠好玩。不是桃花很密的人。

了解【戀愛戲碼】：5宮內的狀態

【☉太陽】：由於在童年受到注意、很被看重。從小就像個小童星般，所以會對於戲劇、劇場…或某種有形無形的舞台，那些能喚起掌聲的，都會主動表達、爭取、追求。

很看重小孩，會把孩子的成就當成是自我的面子及榮耀的延伸。

因為早年曾經是父母榮耀的印記，很受期待、看重，所以習慣自己是很重要的。

因此很自然地，他（她）們會把戀愛當成一個舞台，內在小童星渴望能再度被重視、崇拜、尊敬、讚美，以及掌聲。這是☉太陽在5宮很主要的心理動力。

【☽月亮】：童年很受保護，在一個舒適、有安全感、受關懷的環境中長大。不過當☽月亮有剋相時，也會是要彌補童年對這種☽月亮安全感的失落。會停留在小孩狀態，情緒上不願意長大，有點被動，需要外在把他（她）們當成小孩一樣照顧、撫慰如童年或者彌補童年。

一生喜歡「軟軟」的東西，牛奶、蛋糕……不只是味覺，還有來自外在的舒適、愛護、與照顧。會依戀外界注意，以溫柔、不著痕跡的方式，來得到別人的注意，會全心全意放電的。

☽月亮、♀金星在5宮時，桃花很重，會比⊙太陽吸引更多人。

【☿水星】：戀愛中有很多說話聊天、心智刺激的互動。表達上伶牙利齒，充滿互動、自我表達、溝通。

【♀金星】：用被動的方式得到愛、得到讚美、情感。比如：「妳好漂亮、好可愛、我好喜歡你哦！」

有迷人、討人喜歡的味道。會用一種很溫和的方式在表達自我。

一生都要在愛的情緒中，對其而言很重要。是朋友群中很容易受歡迎的，但是是用一種被動、靜態的味道呈現。很容易 fall in love。相當喜歡被喜歡。

5宮本質是只要別人喜歡他（她）就好。不須要負責任的。

【♂火星】：很愛玩而且玩太多了。不喜歡受拘束，很陽性的玩法。戀愛時這個能量會被轉換成「性」遊戲。性、冒險活動都是交往中的戲碼。5宮的性是 game（just for fun）。是一種在性中體會 love 的過程。有大量的熱情、性活動。容易不耐煩，也有很多戶外運動。

【♃木星】：很被寵，會陪著他（她）玩，在追求樂趣上沒受限。要自由，不受束縛。戀愛中很享樂、享受生活，不會吝嗇，彼此鼓勵自由思考，不會設限。

【♄土星】：戀愛中容易嚴肅、放不開。自覺根本沒有戀愛過（或被愛過），即使有結婚，在心境上也是如此。內在沒有玩過、戀愛過。太老成以致沒有好好享受戀愛過程。

戀愛不順，算是沒有桃花的人。與人互動時容易緊張，無法放鬆，也無法說幼稚的話、small talk。無法從自戀人身上得到樂趣，一生中感情有障礙與壓力。

【♅天王星】：在戀情關係中太像朋友了，有點疏離感。和愛人在一起時，又不要太注意他。這是很矛盾的，可以黏但又不能太黏，一切都要剛剛好，但是又沒有個準頭。很需要空間的。

即使在談戀愛，也是很獨立、奇特的方式。情感上很特殊，不像一般人的關係，外在有一般友誼的品質，不太像戀人。

喜新厭舊，會突然喜歡一個人，但突然又喜歡另一個人。很不穩定的，突然地喜歡與不喜歡都沒有理由或原因。

不要有制約，帶點孤獨感、很古怪的情感。隨機的、突然產生的、不喜歡傳統、欣賞有才氣的情人。很open的情感，不太管彼此，也不喜歡權威。會有不尋常的羅曼蒂克的情事發生，比如：有夫之婦。

5宮裡有♅天王星的人，要小心意外流產、墮胎、與懷孕。

【♆海王星】：♆在5宮是很複雜的感情。會在痛苦的愛中愛他（她）的情人。其♆靈魂在追尋一種靈魂之愛。所以會對情感confuse。

人際間，在某種情境下感受到的激盪是敏感的，所以容易在情境中陷入虛無縹緲的感情。

情感投入很深，容易在戀愛中陷入很深的煩惱，得不到的愛，為愛受苦，有困難的關係，很難完成的愛，一種宿命緣份的追尋。對愛想得很多，但很難達到。**靈魂對於「愛」都有一種深深的痛苦與失落。**

【♇冥王星】：5宮是輕鬆的、for fun。但是♇冥王在5宮談戀愛談得太認真了。會讓對方感受到壓力。互動時、對話時、上床時…連日常互動時，都太認真了。想要改造、影響戀人，這正是一種控制力。因為要在關係中掌控（♇冥王的力量很幽微的），太認真、太在乎，有時候會是一個玩不起、談不起戀愛的人。無法放鬆。只能贏不能輸，情人會感到很累。對情人有很深的期待。有時對方會感到精神緊張、有情緒障礙。♇冥王的外遇是很祕密。

【婚姻宮】了解你（妳）的【婚姻戲碼】

一般夫妻關係會形成債的關係，所以不能將男女朋友與夫妻看成同一種結構。會當成夫婦，大多要有以下的緣份：

①強的【♄土星】相位：責任、依靠、照顧、管理、支持對方。

②【7宮】有行星：關係Partnership就會是此生的主修功課。如果7宮是空宮，裡面沒有行星的人，不會非結婚不可或視婚姻為生命中最重要的事。即使結婚了，也未必是主修科目。

至於婚姻功課是容易修或不容易，則要看形成相位的好壞。空宮的人，一般都要等到行運進入7宮，才會動起結婚的念頭。雖然也會結婚，可是一旦行運過後，就會回復到原來的婚姻觀。

7宮是【伙伴宮】，裡面會反應出配偶的狀況。比如：7宮裡面有☽月亮，那麼對方會很溫柔；若是有♀金星，伴侶會很漂亮；♃木星則是配偶會對你很友善。接著我們來看看7宮內的仔細情形。

了解【婚姻戲碼】：7宮內的狀態

【☉太陽】：會跟重要的人在一起。把自我投射在對方身上，把伴侶當成自己，很看重伴侶，要小心容易在關係中失去自我。很喜歡被稱為『某某太太』。希望伴侶讓他有面子，顯赫、權威感、somebody 或者受矚目的對象，會替另一半服務，當成是自我的延伸。

由於縮小自我，所以長期下來會有自我問題。

【☽月亮】：伴侶溫柔、會呵護、關心。敏感、會表達情緒、分享情緒的伴。配偶要像家人，給予安全感是很重要的。一生情緒、安全感、歸屬感都深受伴侶影響。不可花心，容易碰到很黏人的伴。若是對方做不到時，情緒變化很大。

【☿水星】：和配偶談得來。伴侶聰明、有心智溝通，年輕的感覺，帶點青春孩子氣。敏捷、機靈、輕快、青春感。不喜歡太黏、太緊的關係。伴侶很忙，興趣廣泛，會有很多活動。但小心有時候會有意見不合，心智爭執的情形。

【♀金星】：伴侶長得漂亮、優雅、羅曼蒂克、迷人、好看。在婚姻中相處愉悅。其實自己也喜歡這種和諧的關係。有時伴侶物質需要強，也會帶來某些利益，比如：金錢。

相處柔情，像情人，有穩定的關係。自己與伴侶都不愛爭執。

（註【☽月亮】【♀金星】【♃木星】在7宮的婚姻都是愉悅的。而且都是伴侶寵他。）

【♂火星】：伴侶脾氣不好，會有衝突。火星落在7宮是一個較不好的位子。常有口角發生。會有陽性能量強、侵略性強、自我中心的伴侶。有強的性連結，交往初期，性是主調，相處火爆，容易有衝突。

【♃木星】：容易碰到對你有利的伴侶。也許在嫁娶時，對方就有財富了。

會嫁娶在錢上幫忙的對象，友善大方對待，一般所稱的「貴夫」「貴妻」。不會限制你，而且會幫你，寬容大方，讓你開拓、學習、travel、交朋友、是有智慧的伴侶。但要留意自己的發展會受限，因為太過度發展與另一半的關係，幫助是明顯的。

【♄土星】：不利的位子。帶有前世宿命、權威、限制、年紀大、老成、嚴肅、冷漠。

♄土星在7宮是一個不容易離婚的位子。很看重伴侶，就算配偶沒在關係中提供快樂，給的就算是壓力，都能忍受，因為他（她）本來要的婚姻就是一個城堡。就算不快樂，也是一個保障。另一半是忠實的對象。

【♅天王星】：要一種自由開放的婚姻關係，千萬不可管。特立獨行、開放、進步、開通、自由、前衛、會給空間、不保守傳統的對象。要小心剋相，就會輕易離婚或被迫的古怪關係。是那種離婚後，還可以同住一個屋子裡的人。open marriage，可以接受同居或分偶。

【♆海王星】：此生將會為關係付出、奉獻、犧牲、受苦。伴侶無法勝任這個角色，沒有現實感、不可靠，較無法負起婚姻裡的責任，或帶來現實災難（花光金錢…被騙光錢…）。這裡的不可靠是以傳統婚姻中的角色來對照的，有時候未必透過情感外遇來表現，也許是生病，無法在傳統角色上負起負任，需要你付出無條件的愛去照顧、犧牲，但不會造成離婚。

這是一個複雜的行星，本人並不清楚這個能量，會自欺，想碰到一個可以拯救彼此、給予靈性的伴侶。

對伴侶期望高、會理想化另一半。矇住眼睛、帶來失望，但是當局者迷，容易被騙。愛做夢型，Artist 傾向，有宗教狂熱，醉鬼、吸毒、情緒波動大、生病的人、帶有某種癮頭的伴侶。

有強烈不顧現實的狀況，自欺配偶將會改善的。喜歡當另一半的救贖者，提供無條件的愛，為配偶犧牲。雖然配偶給麻煩，但是有提供某種情感。無法全然掌握伴侶，而且配偶沒有 focus 在當事人身上。

【♇冥王星】：會有給你很大壓力的伴侶，並且你會發現婚姻帶來前後的改變很大，影響一生。婚姻會讓你（妳）經歷一種死亡到重生的心路歷程。其嚴重性大於♂火星在7宮。

婚姻是重要的人生學習，有一種宿命關係。**伴侶對其有生死、重大的影響力。**婚前、婚後的生活狀態有巨大的改變。

有強烈控制慾、妒嫉的另一半。雖然不小氣，但管起來比♄土星嚴重，讓人感受到激情。會配合另一半，很難掙脫掌控，有外遇時，是不可能放手，不會離開你的。**不過♇冥王的伴侶是：不能生離就死別吧！**很有力量的伴侶，你很難騙他（她）們的。像偵探，很精明、厲害、意志非常強。

♄土星、♇冥王星在7宮，情感中都會有障礙的。所以當關係不好時，未必會離婚。會帶來相當的痛苦，不過傾向不分手。會抵抗所有分離的挑戰，並且把吃苦當成是一種價值，會守在關係裡，所以婚姻不容易破壞。

何處尋覓愛人、伴侶？

愛人這兒找！

♀金星影響的是我們人生表面歡愉的事，凡社交、愛情、品味、審美，♀金星在哪個宮位出現（比如：金星在3宮），可以得知你的戀情對象容易在哪兒出現。（若在3宮，就可以留意日常生活中經常碰到面、說到話，平均一週要連絡個4、5次的朋友，簡單說就是常會出現在你生活中的人），以及可以了解到你自己的愛情品質中，希望它呈現出什麼樣子的面貌（若在3宮，會希望像手足般的情誼，而且一定要能聊得來）。

先生這兒找：女生星圖看⊙太陽、♀金星。

⊙太陽（代表角色）：先生。

♀金星（代表歡愉）：愛情、戀愛、羅曼蒂克。

太太這兒找：男生星圖看☽月亮、♀金星。

☽月亮（代表角色）：太太、安全感。

♀金星（代表歡愉）：愛情、戀愛、羅曼蒂克。

看看星圖1宮裡有沒有……

【♀金星】：自己喜歡與別人結緣。容易讓別人看到自己，是自己想要與環境產生關係。

♀金星在1宮，自己長得不錯，且會保持。

正是所謂的：天生麗質再加上後天保持。會花時間來打扮，用一種和諧、優雅，但不是性感的態度，和世界打交道、社交、享受舒服、被喜歡、受歡迎的愉悅感。但是是自己主動開放與社會環境社交。

【⊙太陽】：很容易被看重、習慣得到較多的注意。對世界敞開，懷抱熱情、溫暖、大方、容易被注意到。很看重自己。

【☽月亮】：柔軟、細膩、有感情，總是以情緒看待外在世界。非常介意別人是如何看他的，會以敏感、隱藏方式來注意。男性☽月亮在1宮的人，即使到50歲，都會很依賴妻子。

看看星圖3宮裡有沒有……

3宮本質有手足的情誼。於是我們就可以留意日常生活中經常碰到面、說到話，平均一週要連絡個4、5次的朋友。

【♀金星】：情感對象會出現在日常生活裡。你（妳）們的關係像手足般，常常說話。喜歡和伴侶有愉悅的互動對話或者生活事務的分享。而且互動起來很和諧。還有就是你們的交往中，會是那種越說話感情越好，越喜歡對方。若是沒有每天或者經常透過說話來連結，就會覺得關係裡少了快樂、歡愉，沒有愛的 feel。不喜歡與人吵架。

【⊙太陽】：女性若是⊙太陽在3宮，與她的配偶相處起來，雖然是夫妻，感覺卻像是兄弟姊妹的感情。而且，先生一定常常出現在她的生活中。即使出差到遠地，也一定是每天都要說通電話，聊聊彼此今天生活上發生了什麼事情，話家常一番。

【☽月亮】：男性若是☽月亮在3宮，與他的配偶相處起來，雖然是夫妻，感覺也像是姊妹手足的感情。彼此在日常互動上，會用感性去感覺，不是用看的或只是用聽的，而是會用內心去感受。會用心去聽去感受情緒。

看看星圖5宮裡有沒有……

5宮是桃花最強的宮位。是一種情境式的緣份。5宮底層的本質是一個人想回到童年那種被很多很多人愛、讚美、擁抱、注目、受歡迎的需要。就是渴望「被愛」，其實不是一對一的愛，而是很多很多人愛你（妳）。這點看小孩就知道了。所以5宮是看桃花最重要的宮位。

【♀金星】：是以被動的方式來得到愛、得到讚美和情感。「你好漂亮、好可愛、我好喜歡你哦！」♀金星在5宮是相當迷人、討人喜歡的味道。以溫和的方式，一生都要在愛的情緒中，對♀金星5宮的人是很重要的。愛情能量是被動、靜態的。

♀金星5宮的人，是很容易 fall in love。喜歡被喜歡。

【⊙太陽】：會主動表達與追求。也會在關係中，扮演主動的角色。很看重愛情。人生只有在愛情、在被愛中，才能肯定自我的存在感。在愛情中表現創造力，都是自我的完成。

⊙太陽一談起戀情，便將自我完全地投入。因為唯有在愛情中主動投入愛，除了能激發創造力，喚起掌聲之外，進而得到來自愛人回饋的愛。

【☽月亮】：在關係中是受保護、會在舒適、安全感、關懷的環境裡發展這份愛。情緒上不願意長大，會一直停在小孩子的狀態。

愛情關係中是被動的，需要愛人把他（她）當成小孩一樣照顧、撫慰一如童年，或者彌補童年對「渴望愛」的失落。

戀愛活動是靜態的，喜歡在家約會、分享食物。一生內在情緒、安全感都會受「被愛」的狀態影響。一生若沒有在愛中，人生全面的能量將無以為繼，會依戀一份愛情。婚後會把這份渴望轉移到孩子身上。

因為這種對愛的渴求，但☽月亮又不如⊙太陽主動，所以對於外界的注意是很敏感的，但不是以主動方式去追求，而是用一種溫柔、不著痕跡地去得到別人的注意，全心全意放電的人。

☽月亮、♀金星在5宮，是桃花很重的人，比太陽吸引更多人。

【♆海王星】：在5宮是很複雜的。總要在痛苦的情境中去愛，只有這樣無法完成的愛，對♆海王而言才能突顯出愛的偉大與價值。

對感情很困惑，有時候對超乎性別的愛模糊。由於♆海王星是一顆宇宙靈性愛的源頭，♆海王是超乎性別、關係以及所有形式的傳統既定印象。♆海王對人與人之間，情境下感受到的激盪是敏感的。容易受到同性愛的召喚。

容易在情境中陷入虛無縹緲的感情，情感投入很深，容易在戀愛中陷入很深，會因為愛情而有很大的煩惱。♆**海王意謂得不到的愛，會為愛受苦，**

是一份困難的關係。帶有很強的宿命緣份，很難完成的。往往想得很多，但很難達到。

看看星圖7宮裡有沒有……

【♀金星】：自己強烈喜歡和別人交朋友。並且會把朋友當成伴侶式的一對一社交。伴侶長得漂亮，而且相處時很和諧，不喜歡衝突。即使結婚後，都仍希望關係能像情人一樣。

【⊙太陽】：希望伴侶讓他有面子。會為另一半服務，因為把伴侶當成是自我的延伸，會縮小自我。所以長期會有自我的問題，在關係中自我壓抑。一生很看重伴侶，不論配偶是否真的有社會地位，都會把對方看成很重要的人。

【☽月亮】：伴侶有月亮的氣質，溫柔、呵護、關心、敏感、會表達情緒、分享情緒的伴。期望伴侶要像家人，給予安全感是很重要的，不可以花心，容易碰到很黏的伴。一生情緒、安全感深受關係的影響。

【♆海王】：這是一種很複雜、幽微的感情狀態。♆海王並不清楚真正的狀態。容易自欺。靈魂裡想碰一個可以拯救、給予他（她）們靈性的救贖，投射在伴侶身上，而有很高的期望。太理想化另一半了，以致於會矇住眼睛，而讓自己失望。

當局者迷，容易遇到有某種癮頭伴侶，比如：作夢型、Artist傾向、宗教狂熱、醉鬼、吸毒、情緒波動大、體弱生病的人、會說甜言蜜語、撒嬌哄人傾向的對象。你（妳）會為了對方，而有強烈不顧現實的狀況，自欺對方會改善，或者對方正需要你（妳），喜歡當另一半的救贖者，提供一種無條件的愛，會為對方犧牲。雖然配偶會帶來麻煩，但也同時能提供某一種情感。

無法全然掌握配偶，而且對方也沒有focus在♆海王身上。

看看星圖8宮裡有沒有……

8宮是一個很深很複雜的情境宮位，常常不是表面的事件。牽連的是社會的禁忌話題、共財、共性的集體資源的宮位。**8宮是我們和他人的分享之宮，也是最容易產生糾紛的地方。**8宮既然是分享之宮，那麼必有交換發生。所以**8宮是最容易與人性底層的黑暗有關，最容易引發一個人的五毒**（貪、瞋、癡、慢、疑）。**不過如果你（妳）真的想了解8宮，首先，必須對自己『誠實』才有可能進入。因為8宮一向深不見底。**

【⊙太陽】：女性會和伴侶有很強的現實連結。希望伴侶提供sex、金錢的滿足。所以會有很強的錢的關連。也許會有個有錢有勢丈夫。女性在選擇伴侶時，潛意識底層會受sex、金錢、權力的吸引。會隱藏自己，不表達。有溫度的火山人，具有性魅力。抓不住的人。

【☽月亮】：比⊙太陽困難。更會隱藏情緒，更祕密了。至少⊙太陽會主動作為。男性和太太的關係不會是那麼單純。一生必與配偶有重要的資源牽連，性不像5宮的性（for fun）那麼單純了；必有性、權力、金錢、資源…的關係。這是很隱晦、幽暗的情緒。若8宮狀態不安全、不穩定時，就會有強烈的情緒、精神困擾、壓抑、容易焦慮。情緒被壓得很深。一生容易與女性的資源、金錢、資產產生衝突。

【♀金星】：♀金星掌管的愛、歡愉、感官、享受、價值⋯、由別人提供。取得8宮的集體資源是透過♀金星的情感，而得到配偶的資源。♀金星算是落入8宮行星中，較好的一顆。♀金星價值落在別人資源上，要留意潛意識底層下有貪財性質（交換愛情）。

把♀金星的愛放在別人身上，以致於最後得不到金星本身的愛。♀金星落入8宮，意謂到了別人的資源，而陷入慾望（性、權力、金錢），這些資源由伴侶提供。♀金星的自我價值投射在別人身上，被取代了，而放棄自我的愛，最後可以得到奢侈品、錢、感官、逸樂。所以進入8宮如同進入了五毒之宮。

【♆海王】：Sex會受引誘、欺騙、人身、金錢。但不是故意的，只不過不會只被騙一次。其實本質上是情願的，♆海王自己其實是不笨的。當♆海王像是迷途羔羊時，可憐兮兮的，伴侶會覺得他（她）也是無辜而無法責罵他。

sex 上很容易失望，因為本質裡是希望「愛」的融合，原以為透過「性的結合」，可以找尋到「靈肉合一」的 soulmate，但是上床後失望很大。因為性結合之後，才發現原來「性仍然只是性」。

要小心捲入很複雜的性關係，因為彼此都投射了幻想在對方身上。

看看星圖11宮裡有沒有……

命盤裡的11宮，是自己容易與別人交朋友。11宮的愛情關係中存有友誼的成份。是從朋友開始，後來才成為戀人的。而且要注意後來成為戀人關係時，仍然要有友誼才行，也就是不能太像戀人的情人。因為11宮的關係永遠是疏離的，不會有執著性或佔有性。有 club 的情誼。

【♀金星】：在團體中受歡迎，朋友很喜歡，因為總是帶來美、好玩、享受、歡愉。最容易在朋友圈中出現戀情對象，但即使是如此，仍然不太像戀人，都因為志同道合的理念而發展出的感情。被動、懶惰、愛享受的角色。會在朋友間產生情感，但11宮的本質是一群人，所以戀愛約會常常也是一堆人一起活動。容易在朋友群裡有曖昧關係，享受在不同社團中，被喜愛、歡迎的感受。是很容易被情人視為花心的一員。

【☉太陽】：對女性而言，與男生投合，朋友圈中以男生居多。其伴侶多半是從不緊密的朋友中冒出的。而交往後也仍然是不緊密的。所以對女性而言，伴侶出自朋友，而婚後關係裡也仍然有友誼的品質。

【☽月亮】：對男性而言，與女生投合，朋友圈中以女生居多。其伴侶多半是從不緊密的朋友中冒出的。而交往後也仍然是不緊密的。所以對男性而言，伴侶出自朋友，而婚後關係裡也仍然有友誼的品質。

看看星圖12宮裡有沒有……

12宮表面上不容易有真實的男女朋友或戀愛事件，是屬於暗藏的桃花。所有落入12宮的人際緣份，都特別代表有前世的關係，有宿世緣的。

12宮是天意、輪迴、業緣。所以遇到的緣份多是上輩子的朋友。上輩子曾在一起過，但此生未必會在一起。12宮有星的人，是有前世特殊意義的，這是靈魂的選擇！

【♀金星】：特別容易愛上某個人，有前世愛的宿命。當♀金星有剋相時，關係中會很痛苦，但會心甘情願。有掙脫不掉的感覺，但又很難完成。一生的情感很難滿足其內在，即使伴侶有不錯的世俗條件。一生若是去追求世俗的男女情愛，都會有情感的傷害、創傷、失落、無法掙脫，而陷入其中的痛苦。唯有轉入靈魂之愛，犧牲世俗的♀金星，去完成12宮的大愛，才有辦法滿足內在的情感。容易暗戀很久，有前世的情感糾葛，前世的記憶存在。無緣結合一起，只有去發展大愛，無條件給予他人、付出才有出口。

【⊙太陽】：輪迴關係比較深。過去式是重要領導人，但因為權力使用不當，有過虧欠，為平衡因果，此生「自我」應該讓靈魂做主，⊙太陽若是不讓步，將會有很多的阻礙、障礙發生。

對女性而言，先生在前世有特別關係。此生⊙太陽要發展無私的能量，否則會有莫名其妙的麻煩。

女性此生的自我意識會受到丈夫的壓制。有時伴侶是透過生病、情緒困擾，而必須為其犧牲，讓妳的自我放下，來為他服務。女性此生很難期待伴侶在生命旅程中參與。

把自我慾望交給靈魂決定，自我意志必須消滅，去發展靈魂意志的成長。此生最好在學校、醫院、監獄，服務別人。

【☽月亮】：☽月亮12宮的人容易情緒不穩。無意識裡沒安全感，帶來一生的情緒、精神困擾。

這個情緒是難過的，也沒有發生什麼事，不知原因何在，就是一種莫明的困擾。有很深的內在不安，但就是想不出原因。對男性而言，與母親、太太、女兒有很深的前世關聯。

對外社交時，內在情緒像海棉、吸塵器，都用無意識在感受別人情緒，特別是那些對方沒有說的、或者對方根本也沒有意識的，總之就是特別不須要語言溝通的部份，隱而未言。

於是被這些敏感淹沒、控制、全被吸到他們的情緒裡。容易生病，但大都是心因性引起的精神官能症。建議最好要懂得保護自己。有喪失母親的保護，情緒上很不安，有恐懼的。

一生中容易有情緒困擾。

【☽月亮】、【♀金星】、【♂火星】在感情的課題了解中，佔有很重要的比重。【☽月亮】與親密有關，【♀金星】與愛戀歡愉有關，本質是自戀的，而【♂火星】則與刺激、活力、慾望有關。

在看「桃花緣」的時候，附帶把一些概念性的原則列出，仍然很難將浩瀚的占星學在這個平面文字中建立起全然的結構，不過仍然可以提供些許在研究占星學時的佐料：

① 有些時候有某些人的行星、星座、相位一樣；比如，有倆個人，♀金星都在巨蟹座，會因座落的宮位不同，以致呈現的狀況就會不同。所以，宮位是在研究的同時，不

可忽略的元素。

②與感情有關的宮位是特別要觀察的重點。

③當☽月亮的相位好時，那麼經營的婚姻就不容易不好。若是☽月亮相位不好時，雖然不見得婚姻不穩定，但品質一定不好。因為☽月亮是我們的全面性能量，關係到每一個人內在的情緒、安全感、以及歸屬感。

④婚姻最大的破壞力量：♅天王星。所以要注意本命星圖裡的♅天王星以及行運♅天王星推進7宮或形成7宮的相位。比如：♅天王星入1宮、4宮、10宮。

⑤♄土星是前世冤家，但諷刺的是♄土星最能讓婚姻穩定下來。所以若想得到快樂的婚姻，最好找有木星相位的對象。

⑥♅天王星、♆海王星往往交往時的戀情談得死去活來，但都不容易結婚。

第二篇

三．愛情變形蟲

是否你曾疑惑過，有時候我們身邊人怎麼不太像占星書上或者電視星座節目上所說的，應該有的那種星座個性呢？

●愛情變形蟲：不可不了解的捕蝶網

咦！她怎麼不太像雙魚座！？書上、電視上都說很多雙魚座的人為了愛情，下場都很慘嗎？可是我身邊的雙魚座女性朋友，個個對事業都很有企圖心，工作很努力！

（好怪哦～不是都說牡羊的人很強嗎？那他（她）怎麼一點都不像啊。很悶耶！）

哦～原來這個⊙太陽牡羊座的星圖裡，⊙太陽旁邊有一顆靠得很近的♄土星，而這個♄土星帶來的制約，讓牡羊的人能量變得內斂、保守許多。

（咦！他怎麼不像魔羯座！？魔羯座不是很傳統、老派、守舊的嗎？）

哦～原來這個⊙太陽魔羯的星圖裡，⊙太陽旁邊有一顆靠得很近的♅天王星，而這個♅天王星帶來的叛逆、反主流、反傳統、古怪、顛覆的能量，簡直是解放了千百世以來，由♄土星守護的魔羯座人的能量，帶來解放與前衛。

我們在星圖中所看到的⊙☽☿♀♂…這些行星，能量都不是獨自存在的。如同我們雖然是一個生命個體，但我們無法獨自存在，很難不受家人、鄰居、社群、區域…等文化影響，誓必產生質變。同樣的，雖然看它們粒粒分明散居盤中，其實它們有時候會彼此影響與融合，進而帶給當事人另外性格風貌的可能性，也同時讓我們去經驗類似的愛情，更簡單地說：「我們總吸引到某種類型的人進入生命…」。

比如說：你是個每當親密關係相處到某個程度的時候，會突然強烈地需要抽離、需要空間和自由的人，但是明明你的♀金星在巨蟹座啊～（原來♅天王星在♀金星旁邊介入。♅天王星是寶瓶座的守護星），這使得你的愛情註定要與傳統的婚姻格格不入了。

其實人類的整個婚姻制度是一種組織結構，組織結構就是♄土星的法則。♄土星指的是要彼此在關係中負起責任、建立結構、安全、堡壘、服從、傳統、便於管理、守舊的主流價值，以及這種價值樹立的權威。♄土星的內涵紮實、集中、沈重、安全、責任，是不管在裡面的人快不快樂的。

所以在上個案例中，你（妳）找的對象就不能是那些傳統的土象人（包括：太陽、月亮、上升在土象星座或者有♄土星相位的人），因為這樣的對象無法接受聚少離多、似有若無、無足輕重、對朋友和對你（妳）的方式都一樣，一種不像戀人的戀人、有時疏離到可有可無的感覺。

相位就像是個雷達探測儀，會自動過濾吸引這種關係到你生命裡來。所以很自然的，像這個例子除了打破一般占星書中所提到的♀金星巨蟹應該是堅守對家的一切價值，牢不可破，但是在當事人身上卻有一股強烈的推力，將自己從關係的傳統價值中疏離出來。

現在拿出你（妳）們的星籍資料表出來，把♀金星、♂火星、♄土星、♅天王星、

♆海王星、♇冥王星，圈選出來。

♄土星的愛：荷擔

♄土星是業報。我們會具體受到的折磨與挫折，雖然是困難的、很苦的、但是我們卻會心甘情願地負起責任。♄土星是我們想要建立結構、安全感、穩定的堡壘。是我們最執著、固執之處。也的確當我們擔負起♄土星的那天開始，我們已認知到，最大的期待是給我們厚實的依靠、安定感、保障，從來就不會是快樂，這也使得我們不會放手，即使在關係中並不快樂！

當我們的目標是這個安全感時，我們同時會lock住情緒的感受。這樣總能讓我們安然待在安全的關係中，會盡表面的義務責任，界定關係的界線，經驗侷限、壓力，同時缺乏創造力的活力因素。

（一）♀金星與♄土星在同一個星座時：

♀金星 12 星座	♄土星在以下星座
牡羊 ♈	牡羊 ♈
金牛 ♉	金牛 ♉
雙子 ♊	雙子 ♊
巨蟹 ♋	巨蟹 ♋
獅子 ♌	獅子 ♌
處女 ♍	處女 ♍
天秤 ♎	天秤 ♎
天蠍 ♏	天蠍 ♏
射手 ♐	射手 ♐
魔羯 ♑	魔羯 ♑
寶瓶 ♒	寶瓶 ♒
雙魚 ♓	雙魚 ♓

你（妳）質變後的愛情觀、捕蝶網受到了♄土星的作用，所以你（妳）的感情帶有實際的元素，會考慮很久很久，容易晚婚，對愛的態度保守、在表達上就會受限。

你（妳）們喜歡成熟、穩定的對象，有時會反應在對方的年齡上，但有的對象雖然年紀輕，若顯現少年老成的性格，也會吸引著你（妳）們，年輕時會喜歡年紀大很多的對象。

一向對金錢和感情小心翼翼，不喜歡浪費。談感情的過程中會有受限制、壓力的感覺，並不輕鬆，你（妳）會謹慎、嚴肅以待。談一種很實際務實的感情，就會有點享受不到♀金星的愉悅感了。

（二）♀金星與♄土星在不相容的星座組合時：

♀金星12星座	♄土星以下星座
牡羊♈ 天秤♎	巨蟹♋ 魔羯♑
金牛♉ 天蠍♏	獅子♌ 寶瓶♒
雙子♊ 射手♐	處女♍ 雙魚♓
巨蟹♋ 魔羯♑	牡羊♈ 天秤♎
獅子♌ 寶瓶♒	金牛♉ 天蠍♏
處女♍ 雙魚♓	雙子♊ 射手♐

長時間會有感情上的缺乏，靈魂中有感情上的恐懼。你會遇到讓你經驗感情上冷淡、冷漠的對象，有一種莫可奈何、不能完成♀金星愛、羅曼蒂克。就算已經進入了婚姻幾十年的人，雖然完成家庭責任，但你始終心裡清楚這其中少了情感的慰藉。

（三）♀金星與♄土星在完全對立互補的星座時：

♀金星 12 星座	♄土星在以下星座
牡羊 ♈	天秤 ♎
金牛 ♉	天蠍 ♏
雙子 ♊	射手 ♐
巨蟹 ♋	魔羯 ♑
獅子 ♌	寶瓶 ♒
處女 ♍	雙魚 ♓
天秤 ♎	牡羊 ♈
天蠍 ♏	金牛 ♉
射手 ♐	雙子 ♊
魔羯 ♑	巨蟹 ♋
寶瓶 ♒	獅子 ♌
雙魚 ♓	處女 ♍

你容易遇到有前世業力的情感關係，你將會在關係中負起很大的責任，但又掙脫不了。壓力很大，但是你（妳）本身願意接受情感重責而犧牲自由。

這像一座蹺蹺板，一端是愛的需要，一端是世俗的成就。當關係中無法提供♀金星愛的時候，你靈魂將不自覺地選另一邊站，所以往往你不會感覺這個問題的存在，過份看重或去追求世俗的成就來彌補情感的不足，等於是把對情感的需要投射到世俗成就上了（金錢或事業），最後雖然成了強人或女強人，但往往也對自己的感情問題麻木不覺了。

（四）♀金星與♄土星在和諧的星座組合時：

♀金星 12 星座	♄土星 在以下星座
牡羊♈	獅子♌ 射手♐
金牛♉	處女♍ 魔羯♑
雙子♊	天秤♎ 寶瓶♒
巨蟹♋	天蠍♏ 雙魚♓
獅子♌	牡羊♈ 射手♐
處女♍	金牛♉ 魔羯♑
天秤♎	雙子♊ 寶瓶♒
天蠍♏	巨蟹♋ 雙魚♓
射手♐	牡羊♈ 獅子♌
魔羯♑	金牛♉ 處女♍
寶瓶♒	雙子♊ 天秤♎
雙魚♓	巨蟹♋ 天蠍♏

情感上的選擇很小心，戀情會摻入現實、情感的雙重考慮，容易找到符合現實且忠實的對象，感情的風貌多半務實，見不到如膠似漆、飲不到濃情巧克力，不過即使是這樣，當事人本身清楚自己要的是堅實的堡壘，而不是巧克力工廠。

以上四組配對，是主要的星座能量分類。有相似、和諧、衝突、不相容的情形。一旦在表列中碰上，馬上顯現。至於不在上列四組中的情形，不代表沒有作用。而是星座能量遇到彼此時，會呈現隱性作用力。若是不和諧時雖然不會馬上讓你清楚知道，但底層下仍然會長期帶給你隱性的壓力，為星圖中內在潛藏的病源。

接下來的♅天王星、♆海王星、♇冥王星與♀金星的組合也是如此。遂不再逐一說明。

♅天王星的愛：風來竹面　雁過長空

♅天王星一向是開放性關係的信仰者，♅天王星是寶瓶座的守護星，呈現在掌管愛情的♀金星上，就會產生：鏡花水月、露水姻緣、一夜情的不執著情事。

♅天王星的風貌是一種不合常規、叛逆、反傳統、不可靠、不穩定的力量。♅天王星所帶來的突發動力，無法在時間表上安排它的行程，何時會來，何時要走。當♅天王星在感情上放手離去時，愛人向他們索求「Why？」的答案時，通常是：沒有為什麼，沒有任何理由，就是一句話「不愛了！沒有感覺了！」。♅天王星的來去沒有理由的！

♅天王星會解放與瓦解我們所有的壓抑、固著、不知變通、執著。常常將我們辛苦建立的堡壘，一夕之間邦分崩離析。

（一）♀金星與♅天王星在同一個星座時：

♅天王星在以下星座	♀金星 12星座
牡羊 ♈	牡羊 ♈
金牛 ♉	金牛 ♉
雙子 ♊	雙子 ♊
巨蟹 ♋	巨蟹 ♋
獅子 ♌	獅子 ♌
處女 ♍	處女 ♍
天秤 ♎	天秤 ♎
天蠍 ♏	天蠍 ♏
射手 ♐	射手 ♐
魔羯 ♑	魔羯 ♑
寶瓶 ♒	寶瓶 ♒
雙魚 ♓	雙魚 ♓

你（妳）們很容易被注意到，在情感方面不受拘束，很自由的人，一向很需要心智空間，所以也不會和情人太緊密。很像朋友的戀人，也就是說在愛情裡有一種朋友的品質，

不會管對方，同樣地對方也不能管你（妳）們。

你的情感不會太保守，顯得開明，可以接受分偶或聚少離多，給彼此很大的空間，無法忍受規律與重覆，很難有傳統的關係，男生不會喜歡傳統保守的女性，男女生都喜歡有才華、很特別、不合世俗倫常 style 的對象。

（二）♀金星與♅天王星在不相容的星座時：

♀金星 12 星座	♅天王星在以下星座
牡羊♈ 天秤♎	巨蟹♋ 魔羯♑
金牛♉ 天蠍♏	獅子♌ 寶瓶♒
雙子♊ 射手♐	處女♍ 雙魚♓
巨蟹♋ 魔羯♑	牡羊♈ 天秤♎
獅子♌ 寶瓶♒	金牛♉ 天蠍♏
處女♍ 雙魚♓	雙子♊ 射手♐

你（妳）們較不接受正統的感情，常常在關係中會有突發的開始與結束。關係容易波動、結束。通常一生中會有幾次巨大的情感變遷。不過本人也不稀奇或者擔心這種突發情況。

你（妳）們不喜歡保守的關係，無法安於穩定的相處模式裡，所以容易有雜愛的習慣，並不排斥一夜情這種露水姻緣，通常你（妳）們的感情觀很進步，觀念很開明，並不保守，甚至有些大膽的。

要小心留意在未來行運時（流年），風吹草動容易產生變動。

（三）♀金星與♅天王星在對立互補的星座時：

♀金星 12星座	♅天王星 在以下星座
牡羊 ♈	天秤 ♎
金牛 ♉	天蠍 ♏
雙子 ♊	射手 ♐
巨蟹 ♋	魔羯 ♑
獅子 ♌	寶瓶 ♒
處女 ♍	雙魚 ♓
天秤 ♎	牡羊 ♈
天蠍 ♏	金牛 ♉
射手 ♐	雙子 ♊
魔羯 ♑	巨蟹 ♋
寶瓶 ♒	獅子 ♌
雙魚 ♓	處女 ♍

你（妳）們擁有不保守的愛情關係，而且是關係中的主要維持者，要繼續走下去或者分道揚鑣都是由你（妳）這方決定。感情是開放、進步的，有朋友的品質（不緊密），更在經營上比較順，既給彼此空間但又不會漸行漸遠。

總之，不會是封閉型的關係。

（四）♀金星與♅天王星在和諧的星座組合時：

♀金星 12 星座	♅天王星在以下星座	
牡羊 ♈	獅子 ♌	射手 ♐
金牛 ♉	處女 ♍	魔羯 ♑
雙子 ♊	天秤 ♎	寶瓶 ♒
巨蟹 ♋	天蠍 ♏	雙魚 ♓
獅子 ♌	牡羊 ♈	射手 ♐
處女 ♍	金牛 ♉	魔羯 ♑
天秤 ♎	雙子 ♊	寶瓶 ♒
天蠍 ♏	巨蟹 ♋	雙魚 ♓
射手 ♐	牡羊 ♈	獅子 ♌
魔羯 ♑	金牛 ♉	處女 ♍
寶瓶 ♒	雙子 ♊	天秤 ♎
雙魚 ♓	巨蟹 ♋	天蠍 ♏

容易有變動的關係，會有一意孤行的傾向，走得很極端，追求刺激。在情感裡是不受拘束的，有時會想要在正常關係中，突然地抽離。所以你（妳）們的內在常常處在很大的變動狀態，可以說很不穩定的。一生有多次大的變動。要小心留意在未來行運時（流年），風吹草動容易產生變動。

♆海王星的愛：斷腸人在天涯

♆海王星帶有神祕魅力。是雙魚座的守護星。**它連結著宇宙愛的源頭，在我們的靈性無意識裡，有著深深的渴望與著迷。**這無關於現在的真實狀況，**是一種靈魂的喃喃囈語。常帶來很大的不滿足感，甚至會帶給無意識強烈的騷動。**

所以，當掌管愛情的♀金星和♆海王星有關係時，常會帶來一種無法結合的愛，有時是多年的隱情、地下情、暗戀、以及無法落實的愛。這是一種♆海王星的作用力，讓我們在心靈上對「理想的愛」產生不滿足感，進而迫使意識去追求一種在現實世界裡不存在的理想。總之，♆海王星怎是一個「苦」字了得！

受♆海王星的召喚與消融，通常它不會讓我們看世界，而是習慣性地帶我們看遠方的真、善、美。因為♆海王星習慣於帶我們脫離現實。♆海王星所施展的是最隱微的能量。它存在迷霧中、在虛無飄渺中，讓我們對它產生最大的想像力，甚至對它朝思暮想。它不知道對每個人施展什麼符咒，害我們都想從世俗的侷限裡、乏味的生活中出走。

（一）♀金星與♆海王星在同一個星座時：

♀金星 12 星座	♆海王星在以下星座
牡羊 ♈	牡羊 ♈
金牛 ♉	金牛 ♉
雙子 ♊	雙子 ♊
巨蟹 ♋	巨蟹 ♋
獅子 ♌	獅子 ♌
處女 ♍	處女 ♍
天秤 ♎	天秤 ♎
天蠍 ♏	天蠍 ♏
射手 ♐	射手 ♐
魔羯 ♑	魔羯 ♑
寶瓶 ♒	寶瓶 ♒
雙魚 ♓	雙魚 ♓

♆海王星和♀金星同一個星座時，本人容易耽溺在情感上。對愛很敏感的，但是♆海王星不是紅塵的愛，所以，本人常常會在正常關係中，感受到「愛」無法被滿足，即使愛人對你（妳）們很好。總之，♆海王星的愛若是越無法落實，就會越美、越魂牽夢繫，一種靈魂感受到的苦，無關現實的實際相處。

你（妳）們最好一定要有出口，不能只有愛情，因為很容易感到失望。一天到晚感到悲慘、失愛、被拋棄。

♆海王星不是一個現實星，♄土星容易有宿命的孽緣感，但是♆海王星容易去追求宿命的關係，而且有很強烈的嚮往。總之，越得不到越好，不適合在紅塵中實現的愛。因為世俗的男女情愛對♆海王星而言，太不美了，太粗鄙了，♆海王星怎麼能忍受在愛的關係中，也談帳單、柴、米、油、塩……。

（二）♀金星與♆海王星在不相容的星座組合時：

♀金星12星座	♆海王星在以下星座
牡羊♈ 天秤♎	巨蟹♋ 魔羯♑
金牛♉ 天蠍♏	獅子♌ 寶瓶♒
雙子♊ 射手♐	處女♍ 雙魚♓
巨蟹♋ 魔羯♑	牡羊♈ 天秤♎
獅子♌ 寶瓶♒	金牛♉ 天蠍♏
處女♍ 雙魚♓	雙子♊ 射手♐

很容易有暗戀10年、20年，但未必會讓對方知道。要小心因感情用事而產生的財務問題，遭到騙財又騙身。你（妳）們不會在關係中計較金錢，但感情到最後會覺得被虧待，感到對方不夠愛你（妳）們。

（三）♀金星與♆海王星在和諧的星座組合時：

♀金星12星座	♆海王星在以下星座	
牡羊 ♈	獅子 ♌	射手 ♐
金牛 ♉	處女 ♍	魔羯 ♑
雙子 ♊	天秤 ♎	寶瓶 ♒
巨蟹 ♋	天蠍 ♏	雙魚 ♓
獅子 ♌	牡羊 ♈	射手 ♐
處女 ♍	金牛 ♉	魔羯 ♑
天秤 ♎	雙子 ♊	寶瓶 ♒
天蠍 ♏	巨蟹 ♋	雙魚 ♓
射手 ♐	牡羊 ♈	獅子 ♌
魔羯 ♑	金牛 ♉	處女 ♍
寶瓶 ♒	雙子 ♊	天秤 ♎
雙魚 ♓	巨蟹 ♋	天蠍 ♏

對愛很有想像力，對情感的表達也很容易，浩瀚如江海，大得不得了，常常會從世俗的男女之情，擴大到對宇宙、眾生有情的敏感。

很容易受外境觸動，泛起水波，所以對感情不會執著，也可以說伴侶是無法滿足他（她）們靈魂中對愛的渴求與企盼，所以他（她）們可以跟很多人有感情。

我希望大家不要認為他（她）們是花心，而是出自一種♆海王星的召喚。

♆海王星是宇宙愛的源頭，它大到沒有邊境可以界定，像是什麼人可以愛，什麼人不可以愛，一種眾生平等、宇宙合一感，怎能有分別心呢！所以另一半常常對其很頭痛「你（妳）難道不知道孤男寡女在一起的危險嗎？她（他）為什麼不找自己的男（女）朋友，偏偏要找你。」♆海王星有高階之愛、靈性愛、宇宙愛、憐憫心，是很難拒絕別人對他（她）們求助的叫苦聲。

♆海王星不是男女情愛，而是大愛、慈悲心、很願意幫助人家。

（四）♀金星與♆海王星在對立互補的星座組合時：

♀金星 12星座	♆海王星 在以下星座
牡羊 ♈	天秤 ♎
金牛 ♉	天蠍 ♏
雙子 ♊	射手 ♐
巨蟹 ♋	魔羯 ♑
獅子 ♌	寶瓶 ♒
處女 ♍	雙魚 ♓
天秤 ♎	牡羊 ♈
天蠍 ♏	金牛 ♉
射手 ♐	雙子 ♊
魔羯 ♑	巨蟹 ♋
寶瓶 ♒	獅子 ♌
雙魚 ♓	處女 ♍

你（妳）們在情感上容易變成無法負責的人。在世俗眼裡，也許是一段人人稱羨的關係，但是內在會覺得芸芸眾生中沒有你（妳）們真正想要的愛，你（們）要的那種感情是世上沒有的。

其實別人對你（妳）們很好，但會覺得這愛不符合你（妳）的理想（其實是你、妳的幻想）。容易在這種幻想下失望，這不叫「花心」。對你（妳）們而言，每一次都是神聖地追求愛，當越得不到，會越覺得神聖。小心會從現實的關係中逃避到一個自設的「城市國度」。總之，都有一種癮頭，會容易投入藥、毒、酒精或情感可以寄託的事務上。

♇冥王星的愛：穿著 Prada 的惡魔

♇冥王星是天蠍座的守護星，冥王帶來重生再生的潛能，有深刻的力道。當和♇冥王星產生連結時，通常無可避免地必須進入心靈的地下鐵，進入生命的複雜、深層與黑暗，同時必須不斷地向內挖而且要挖得很深。

♇冥王星像核子彈，威力不在於體積而在於極為集中、深埋且濃縮的精神力量。通常♇冥王星和掌管愛情的♀金星產生關係時，大都以負面、黑暗、反面、殘暴、無情、社會禁忌、極痛苦的方式呈現，讓我們理解那些早已根深蒂固，但我們又無法弄清楚這個♇冥王星的慾望本質，卻一直擺佈著我們，而且讓我們很痛苦的力量，它存在於我們的生命底層的一種老舊、僵化、執著的模式，必須被摧毀、重新建立新的正面的價值觀。

♇冥王星對生命禁忌的領域有很強的愛恨情結與衝突。常常透過操控別人，來回應內在的恐懼，但是常常讓問題變得更嚴重。有時候這種操控行為已經變成一種反射機制，當事人未必清楚知道他正處在一個內在的地雷區上！

（一）♀金星與♇冥王星在同一個星座時：

♀金星 12星座	♇冥王星 在以下星座
牡羊 ♈	牡羊 ♈
金牛 ♉	金牛 ♉
雙子 ♊	雙子 ♊
巨蟹 ♋	巨蟹 ♋
獅子 ♌	獅子 ♌
處女 ♍	處女 ♍
天秤 ♎	天秤 ♎
天蠍 ♏	天蠍 ♏
射手 ♐	射手 ♐
魔羯 ♑	魔羯 ♑
寶瓶 ♒	寶瓶 ♒
雙魚 ♓	雙魚 ♓

♇冥王星和♀金星同一個星座時，你（妳）們的愛非常強烈，呈現全身心靈的控制式感情。你（妳）們要求關係中的絕對忠貞，要完全的忠實，對方是騙不過你（妳）們的，控制佔有是很幽微的。要對方靈魂的順服，不是表面的附和，對愛情有著極強的佔有慾。

你（妳）們給的愛是深的，要絕對的佔有、絕對的激情、也絕對的控制，常帶給對方很大的壓力。你（妳）們的愛情國度裡，是要性愛合一，不懂那柏拉圖！

（二）♀金星與♇冥王星在不相容的星座組合時：

♀金星12星座	♇冥王星在以下星座
牡羊♈ 天秤♎	巨蟹♋ 魔羯♑
金牛♉ 天蠍♏	獅子♌ 寶瓶♒
雙子♊ 射手♐	處女♍ 雙魚♓
巨蟹♋ 魔羯♑	牡羊♈ 天秤♎
獅子♌ 寶瓶♒	金牛♉ 天蠍♏
處女♍ 雙魚♓	雙子♊ 射手♐

愛情關係中容易與伴侶有糾紛、執著，可說是金錢與情感、控制佔有與歡愉相互矛盾衝突的。這是一個蠻不利於感情的相位，容易產生糾紛，而且陷入的感情是很深的。既然能為愛情而付出金錢以及你（妳）們的所有，去幫伴侶的忙，又怎麼能忍受私下被劈腿呢！？要留意暴力、報復與佔有。

感情上一定不是很春風得意。會為了安全感，而去犧牲羅曼蒂克的愛情。放不掉原來的感情，但是對原來的感情也冷了，沒有激情了。

（三）♀金星與♇冥王星在對立互補的星座組合時：

♀金星 12星座	♇冥王星 在以下星座
牡羊 ♈	天秤 ♎
金牛 ♉	天蠍 ♏
雙子 ♊	射手 ♐
巨蟹 ♋	魔羯 ♑
獅子 ♌	寶瓶 ♒
處女 ♍	雙魚 ♓
天秤 ♎	牡羊 ♈
天蠍 ♏	金牛 ♉
射手 ♐	雙子 ♊
魔羯 ♑	巨蟹 ♋
寶瓶 ♒	獅子 ♌
雙魚 ♓	處女 ♍

在關係中的糾紛常常是為得到物質、金錢、感官、愛情的利益，而有所交換（也許是Sex、權力）。自己本人會痛苦，在關係中有很強的激情，同時被你（妳）們壓抑得很深。容易有三角糾紛或想要離婚，但未必對方願意放手。要留意這種組合，因為很容易去操縱情感，比如：去賣身。容易造成離婚。

（四）♀金星與♇冥王星在和諧的星座組合時：

♀金星 12 星座	♇冥王星在以下星座
牡羊 ♈	獅子 ♌　射手 ♐
金牛 ♉	處女 ♍　魔羯 ♑
雙子 ♊	天秤 ♎　寶瓶 ♒
巨蟹 ♋	天蠍 ♏　雙魚 ♓
獅子 ♌	牡羊 ♈　射手 ♐
處女 ♍	金牛 ♉　魔羯 ♑
天秤 ♎	雙子 ♊　寶瓶 ♒
天蠍 ♏	巨蟹 ♋　雙魚 ♓
射手 ♐	牡羊 ♈　獅子 ♌
魔羯 ♑	金牛 ♉　處女 ♍
寶瓶 ♒	雙子 ♊　天秤 ♎
雙魚 ♓	巨蟹 ♋　天蠍 ♏

你（妳）的愛是激情、深的，會為愛而犧牲的人，包括犧牲金錢。

在你（妳）們的愛情中，有捲入金錢的緣份。容易經歷一段很長的地下情關係，有時竟能長達20年或30年，那是因為在婚姻中不容易出現這種♇冥王式的激情。所以，當有這些組合出現時，若是沒有其他的出口是很危險的。

慾望馬力：不可不了解的汽缸引擎

♂火星對追求原慾的熱情、自信、表達、直接，常常被列為自我定義與自我實現的重要指標。♂火星是很強的能量，在生命中有其主導性，是我們的慾望本能、和脾氣、行動力、衝動、火爆、運動、Sex驅力有關。

♂火星有熱度的，帶來Sexual Engery如同床上是一座運動場，性對♂火星而言如同一場競技與運動，對現代人定義的「做愛」而言，♂火星太侵略、太粗暴了，但在古典定義中，Sex是一個男人征服女人的地方，傳宗接代是戰利品，那麼♂火星就必須如戰士般強壯不可了！

以下所談各類行星裡，各有四組配對，是主要的星座能量分類。有相似、和諧、衝突、不相容的情形。一旦在表列中碰上，馬上顯現。至於不在下列四組中的情形，不代表沒有作用。而是星座能量遇到彼此時，會呈現隱性作用力。

若是不和諧時雖然不會馬上讓你清楚知道，但底層下仍然會長期帶給你隱性的壓力，為星圖中內在潛藏的病源。

當【♂火星＋♄土星】的性：大悶鍋中燒

（一）♂火星與♄土星在同一個星座時：

♂火星 12星座	♄土星在 以下星座
牡羊 ♈	牡羊 ♈
金牛 ♉	金牛 ♉
雙子 ♊	雙子 ♊
巨蟹 ♋	巨蟹 ♋
獅子 ♌	獅子 ♌
處女 ♍	處女 ♍
天秤 ♎	天秤 ♎
天蠍 ♏	天蠍 ♏
射手 ♐	射手 ♐
魔羯 ♑	魔羯 ♑
寶瓶 ♒	寶瓶 ♒
雙魚 ♓	雙魚 ♓

你（妳）們是很負責的人，所以願意接受世俗的重擔。由於你（妳）們的活力能量只能集中，所以自然不會朝太多元發展。

也因為如此，通常你（妳）們不會浪費精力資源在和目標無關的事情上。所以，你（妳）們的性愛活動中，要留意因世俗工作的承擔或者付出，常常精疲力盡而沒有上床的精力與興致了。因此性活動並不活躍，要小心因工作過度而 sex 被壓抑或遞延了。有時會有性冷感傾向。不過仍然有很大的性意識與性需求存在，持久性也比一般人久，只不過被你（妳）們一直壓抑需求與遞延享受。

由於自小成長過程中，曾被教導要先犧牲原欲的短暫快樂，來換取將來長久幸福快樂的籌碼，所以自小就內化一種遞延對生命活力熱情的追求與享受。長大後，很自然地一心追求世俗的成功，以為地位成就會令你（妳）們快樂，至於對不快樂都沒有任何自覺性，這使你（妳）們會去犧牲生命中一些其他的可能性。

由於性能量的被壓抑，故一生都會有活力低落的問題。

（二）♂火星與♄土星在不相容的星座組合時：

♂火星 12 星座	♄土星在以下星座
牡羊♈ 天秤♎	巨蟹♋ 魔羯♑
金牛♉ 天蠍♏	獅子♌ 寶瓶♒
雙子♊ 射手♐	處女♍ 雙魚♓
巨蟹♋ 魔羯♑	牡羊♈ 天秤♎
獅子♌ 寶瓶♒	金牛♉ 天蠍♏
處女♍ 雙魚♓	雙子♊ 射手♐

性能量受到抑制。常常會去忙工作事業或世俗事務。你（妳）們有很強成功慾望，因潛意識害怕世俗權威（老板、客戶…）對你（妳）們的要求，所以不敢怠惰，因此無法將精力與心思放在愉悅的 sex 活動上。很積極地發展事業上的成就，所以只能把有限的精力活力，集中在追求成功上，很自然地也就忽略了 sex 這件事。

由於自小成長過程中，曾被教導要先犧牲原欲的短暫快樂，來換取將來長久幸福快樂的籌碼，所以自小就內化一種遞延對生命活力熱情的追求。長大後，很自然地一心追求世俗的成功，以為地位成就會令你（妳）快樂，至於對不快樂都沒有任何自覺性。

但不妙的是，這種組合裡，會有階段性的阻礙與失敗，內心既感概事業工作不盡理想，而感情與生命活力又被犧牲掉了。由於性能量的被壓抑，故一生都會有活力低落的問題。

（三）♂火星與♄土星在對立互補的星座組合時：

♂ 火星 12 星座	♄ 土星在以下星座
牡羊 ♈	天秤 ♎
金牛 ♉	天蠍 ♏
雙子 ♊	射手 ♐
巨蟹 ♋	魔羯 ♑
獅子 ♌	寶瓶 ♒
處女 ♍	雙魚 ♓
天秤 ♎	牡羊 ♈
天蠍 ♏	金牛 ♉
射手 ♐	雙子 ♊
魔羯 ♑	巨蟹 ♋
寶瓶 ♒	獅子 ♌
雙魚 ♓	處女 ♍

你（妳）們的性能量有兩部份，有時很有性趣，有時卻很冷感。要小心階段性地過度投入追求成功上，而抑制了性需求。這都會導致肉慾的受阻，潛意識靈魂有sex的恐懼。

小心會自我逃避，是因為內心害怕自己沒有足夠的價值，有時就會刻意去表現床上的能力，或者過度投入工作。但這種擇一方而全力以赴，不論過度床事或事業，都會令你（妳）們無所適從。

（四）♂火星與♄土星在和諧的星座組合時：

♂火星12星座	♄土星在以下星座	
牡羊 ♈	獅子 ♌	射手 ♐
金牛 ♉	處女 ♍	魔羯 ♑
雙子 ♊	天秤 ♎	寶瓶 ♒
巨蟹 ♋	天蠍 ♏	雙魚 ♓
獅子 ♌	牡羊 ♈	射手 ♐
處女 ♍	金牛 ♉	魔羯 ♑
天秤 ♎	雙子 ♊	寶瓶 ♒
天蠍 ♏	巨蟹 ♋	雙魚 ♓
射手 ♐	牡羊 ♈	獅子 ♌
魔羯 ♑	金牛 ♉	處女 ♍
寶瓶 ♒	雙子 ♊	天秤 ♎
雙魚 ♓	巨蟹 ♋	天蠍 ♏

你（妳）們很容易成功，是一種很協調的組合。能在工作上專心付出，有效率承事，同時也能顧及到自己的性慾需求。

性能量比一般人持久，不過仍然不是一種能在床上盡性、奔放的能量。

當【♂火星＋♅天王星】的性：絢爛如煙火

（一）♂火星與♅天王星在同一個星座時：

♂ 火星 12 星座	♅ 天王星在以下星座
牡羊 ♈	牡羊 ♈
金牛 ♉	金牛 ♉
雙子 ♊	雙子 ♊
巨蟹 ♋	巨蟹 ♋
獅子 ♌	獅子 ♌
處女 ♍	處女 ♍
天秤 ♎	天秤 ♎
天蠍 ♏	天蠍 ♏
射手 ♐	射手 ♐
魔羯 ♑	魔羯 ♑
寶瓶 ♒	寶瓶 ♒
雙魚 ♓	雙魚 ♓

♂火星和♅天王星若是在同一個星座，那麼從社會大眾的角度來看，你（妳）們是很大膽、驚世駭俗的人。展現能量時，不受控制的，行為出人意表、大膽的人。活力是瞬間爆發，不是蘊釀來的。可接受實驗性的 Sex 行為或 Sex 伴侶，上床後不會耽溺於性或者被性綁住，喜歡改變嘗試，有時有超乎平時的性慾，性方面算是很主動的人。

（二）♂火星與♅天王星在不相容的星座組合時：

♂火星 12 星座	♅天王星在以下星座
牡羊♈ 天秤♎	巨蟹♋ 魔羯♑
金牛♉ 天蠍♏	獅子♌ 寶瓶♒
雙子♊ 射手♐	處女♍ 雙魚♓
巨蟹♋ 魔羯♑	牡羊♈ 天秤♎
獅子♌ 寶瓶♒	金牛♉ 天蠍♏
處女♍ 雙魚♓	雙子♊ 射手♐

♂火星和♅天王星若是在這些組合時，則比上一種情形更大膽、衝動、性表達上更是脫離常軌。主動的 sex，喜歡新奇。若這兩顆星又剛好落在5宮和8宮時，則容易有雜交、Sex 自由傾向很強。容易出問題要特別小心。

（三）♂火星與♅天王星在對立互補的星座組合時：

♂火星 12 星座	♅天王星在以下星座
牡羊 ♈	天秤 ♎
金牛 ♉	天蠍 ♏
雙子 ♊	射手 ♐
巨蟹 ♋	魔羯 ♑
獅子 ♌	寶瓶 ♒
處女 ♍	雙魚 ♓
天秤 ♎	牡羊 ♈
天蠍 ♏	金牛 ♉
射手 ♐	雙子 ♊
魔羯 ♑	巨蟹 ♋
寶瓶 ♒	獅子 ♌
雙魚 ♓	處女 ♍

♂火星和♅天王星若是在這些組合時，要小心人生的地震找上你（妳）們，處於較被動的情形。比如：突然有個強烈吸引力產生，引動你（妳）們的性驅力，就莫明其妙地上了別人的床。至於對象是誰？by chance！有時也可能是平時同事、一般朋友，就是一個觸動，就引爆這種衝動。即使和對方上了床，也無關感情或愛不愛對方。

有時候也容易遇到這樣的配偶，反應在伴侶身上。

（四）♂火星與♅天王星在和諧的星座組合時：

♂火星 12星座	♅天王星 在以下星座	
牡羊♈	獅子♌	射手♐
金牛♉	處女♍	魔羯♑
雙子♊	天秤♎	寶瓶♒
巨蟹♋	天蠍♏	雙魚♓
獅子♌	牡羊♈	射手♐
處女♍	金牛♉	魔羯♑
天秤♎	雙子♊	寶瓶♒
天蠍♏	巨蟹♋	雙魚♓
射手♐	牡羊♈	獅子♌
魔羯♑	金牛♉	處女♍
寶瓶♒	雙子♊	天秤♎
雙魚♓	巨蟹♋	天蠍♏

你（妳）們是 open mind，追求自由又不會太衝動。進步、開放、領先時代的這種性格，使你（妳）們在性活動上很能接受新的嘗試，包括性活動與性對象。

性能量較和諧，可以接受改變，不會有過度發展或壓抑的情形。上了床後也不會耽溺於 Sex 或者被 Sex 綁住。

當【♂火星＋♆海王星】的性：涼火

（一）♂火星與♆海王星在同一個星座時：

♂火星 12 星座	♆海王星在以下星座
牡羊 ♈	牡羊 ♈
金牛 ♉	金牛 ♉
雙子 ♊	雙子 ♊
巨蟹 ♋	巨蟹 ♋
獅子 ♌	獅子 ♌
處女 ♍	處女 ♍
天秤 ♎	天秤 ♎
天蠍 ♏	天蠍 ♏
射手 ♐	射手 ♐
魔羯 ♑	魔羯 ♑
寶瓶 ♒	寶瓶 ♒
雙魚 ♓	雙魚 ♓

♂火星和♆海王星若是在同一個星座，都有柔軟、細膩、溫柔的味道。

同時在 Sex 方面就不會是攻擊型的人。床上較被動，沒有♂火星代表的性那種侵略，若以現代感情而言，較能讓彼此在上床時，感受到除了 Sex 以外的溫柔以待，♆海王星的包容與消融能量，早已將♂火星的粗暴、侵略軟化許多了。

（二）♂火星與♆海王星在不相容的星座組合時：

♂火星 12 星座	♆海王星 在以下星座
牡羊♈ 天秤♎	巨蟹♋ 魔羯♑
金牛♉ 天蠍♏	獅子♌ 寶瓶♒
雙子♊ 射手♐	處女♍ 雙魚♓
巨蟹♋ 魔羯♑	牡羊♈ 天秤♎
獅子♌ 寶瓶♒	金牛♉ 天蠍♏
處女♍ 雙魚♓	雙子♊ 射手♐

這種♂火星和♆海王星的組合裡，你（妳）們會特別感到無法堅強，容易耽溺在一個幻想情境中，簡單說都有個「癮頭」。有時會去追求夢、毒、酒精、愛人癮、上床癮……。靈魂中想透過Sex的結合，達到靈肉合一。本質裡並不是為了得到Sex本身，而是想透過Sex得到愛。不過這種理想常會令你（妳）們失望與失落。

因為上過床後會感受到，原來Sex還是Sex！

sex上容易有肉體混亂、不知如何是好的情形，自己常常會搞不清楚狀況。容易有被引誘，又不知如何拒絕是好！小心被騙失身或者約會被強暴，會在高壓下屈服，無法拒絕別人對你（妳）們強烈的sex索求，而被迫順水推舟，不知該如何是好！

（三）♂火星與♆海王星在對立互補的星座組合時：

♂火星 12 星座	♆海王星在以下星座
牡羊 ♈	天秤 ♎
金牛 ♉	天蠍 ♏
雙子 ♊	射手 ♐
巨蟹 ♋	魔羯 ♑
獅子 ♌	寶瓶 ♒
處女 ♍	雙魚 ♓
天秤 ♎	牡羊 ♈
天蠍 ♏	金牛 ♉
射手 ♐	雙子 ♊
魔羯 ♑	巨蟹 ♋
寶瓶 ♒	獅子 ♌
雙魚 ♓	處女 ♍

這種組合中，容易碰到不忠實的配偶；有時也可能是自己受情境影響。常會在關係中帶來一些癮頭或無能的困擾而導致Sex被犧牲掉了。比如：伴侶很熱衷宗教、追求夢想，或者生病、癱瘓、有酒癮、藥癮…的情形，在在都讓♂火星無法實現，有時被♆海王靈性所昇華，變得沒那麼肉慾，或者因伴侶的身體虛弱，而無法滿足♂火星的慾望。

（四）♂火星與♆海王星在和諧的星座組合時：

♂火星12星座	♆海王星在以下星座	
牡羊♈	獅子♌	射手♐
金牛♉	處女♍	魔羯♑
雙子♊	天秤♎	寶瓶♒
巨蟹♋	天蠍♏	雙魚♓
獅子♌	牡羊♈	射手♐
處女♍	金牛♉	魔羯♑
天秤♎	雙子♊	寶瓶♒
天蠍♏	巨蟹♋	雙魚♓
射手♐	牡羊♈	獅子♌
魔羯♑	金牛♉	處女♍
寶瓶♒	雙子♊	天秤♎
雙魚♓	巨蟹♋	天蠍♏

不像♂火星和♆海王星在同一個星座那麼陰柔，但也會是男性中較為柔軟、陰柔的人。較不會展現肉體的威脅、侵略性。男生在表達自己的慾望時，會比較溫柔。在床上比較不自私，會體貼對方的感受。

當【♂火星＋♇冥王星】的性：色戒

（一）♂火星與♇冥王星在同一個星座時：

♂火星 12 星座	♇冥王星在以下星座
牡羊 ♈	牡羊 ♈
金牛 ♉	金牛 ♉
雙子 ♊	雙子 ♊
巨蟹 ♋	巨蟹 ♋
獅子 ♌	獅子 ♌
處女 ♍	處女 ♍
天秤 ♎	天秤 ♎
天蠍 ♏	天蠍 ♏
射手 ♐	射手 ♐
魔羯 ♑	魔羯 ♑
寶瓶 ♒	寶瓶 ♒
雙魚 ♓	雙魚 ♓

♂火星和♇冥王星若是在同一個星座，你（妳）們的性能量很強，帶有一種死亡的激情，性愛的過程很激烈，強度也很夠，但是事實上性愛並不舒服，絕不是軟綿綿的那種羅曼蒂克、而且一點也不浪漫。

當然，掌管感受性、歡愉性的是♀金星的功能，並不是歸♂火星作用。若單純從sex的古典定義來看（傳宗接代、交合），這個組合就很強，power也很夠。

這種組合能讓彼此在做愛的過程中，感受到一種交纏、全然佔有對方的激情與慾望的力量。每次的高潮都意謂著一種小死亡，特別需要這種Sex的顛峰經驗。否則會覺得不夠爽，慾望的強度一向很高！

（二）♂火星與♇冥王星在不相容的星座組合時：

♂火星 12星座	♇冥王星 在以下星座
牡羊♈ 天秤♎	巨蟹♋ 魔羯♑
金牛♉ 天蠍♏	獅子♌ 寶瓶♒
雙子♊ 射手♐	處女♍ 雙魚♓
巨蟹♋ 魔羯♑	牡羊♈ 天秤♎
獅子♌ 寶瓶♒	金牛♉ 天蠍♏
處女♍ 雙魚♓	雙子♊ 射手♐

♂火星和♇冥王星若是這種星座組合，那麼一定要特別注意，要小心關係中的背叛問題，♂火星的能量代表的 sex 將被轉化成一種暴力（情緒、語言、殺人…等）。以上表列中的星座裡，要特別留意♂火星在天蠍、牡羊這兩組。能量都比較嚴重。Sex 的控制、操縱很強。

你（妳）們要特別留意，因為自己意識不到，施暴者正是你（妳）們自己哦！因為有時候這種生命的熱情與激情，會被你（妳）們拿去追求其他的事務，有的人是特別熱衷賺錢、有的人會過度與環境互動、工作狂、權力狂熱份子…等等。這都是同等的 Sex 能量，被轉移陣地罷了！

（三）♂火星與♇冥王星在對立互補的星座組合時：

♂火星 12 星座	♇冥王星 在以下星座
牡羊♈	天秤♎
金牛♉	天蠍♏
雙子♊	射手♐
巨蟹♋	魔羯♑
獅子♌	寶瓶♒
處女♍	雙魚♓
天秤♎	牡羊♈
天蠍♏	金牛♉
射手♐	雙子♊
魔羯♑	巨蟹♋
寶瓶♒	獅子♌
雙魚♓	處女♍

♂火星和♇冥王星若是這種星座組合要特別小心，因為你（妳）們正是那位被施暴的對象。不過這麼說容易讓大家誤會，難以辨示。不一定是身體的暴力，當然也有可能

是被 Sex 虐待或被要求 SM，然而有時候是被別人的情緒、態度、語言暴力對待。極容易在關係中被控制、被操控。

（四）♂火星與♇冥王星在和諧的星座組合時：

♂ 火星 12 星座	♇ 冥王星在以下星座	
牡羊 ♈	獅子 ♌	射手 ♐
金牛 ♉	處女 ♍	魔羯 ♑
雙子 ♊	天秤 ♎	寶瓶 ♒
巨蟹 ♋	天蠍 ♏	雙魚 ♓
獅子 ♌	牡羊 ♈	射手 ♐
處女 ♍	金牛 ♉	魔羯 ♑
天秤 ♎	雙子 ♊	寶瓶 ♒
天蠍 ♏	巨蟹 ♋	雙魚 ♓
射手 ♐	牡羊 ♈	獅子 ♌
魔羯 ♑	金牛 ♉	處女 ♍
寶瓶 ♒	雙子 ♊	天秤 ♎
雙魚 ♓	巨蟹 ♋	天蠍 ♏

♂火星和♇冥王星若是在這個組合裡，那麼你（妳）們必然是很有神祕性魅力的人。有很強的 Sexual Engery，與 Sexual Power。

你（妳）們的 Sex，能讓伴侶靈魂充電與得到治療重生。可將彼此的能量提昇到比較高的位階。一次的 Sex 活動，即帶來能量的 refresh。

四．【關係合盤Synastry】的緣份

要進入這個部份的章節內容，讀者們需要彼此的星圖來對照，可以幫助了解我們主觀地與別人互動時的緣份。

例如在本書第二篇【星宮House】所附的星圖中，第7宮開頭在天蠍座與射手座，這就是說：天蠍與射手座的對象會與你有7宮的緣份。第5宮開頭在獅子座與處女座，那便是這兩個星座對象的行星會落入你的5宮（不論是對方的太陽、月亮、金星、火星…等等，任何星圖上的宮位都是這個邏輯）。

二張星圖的化學變化

7宮的夫妻關係，在設計上不是純為 sex 而存在的。♄土星、♇冥王星才是形成婚姻**結構與基礎最主要的力量**，因為：

● 若是以♀金星、♂火星的 Sex、愛邏輯來設計婚姻，那就很容易基於個人自我的需要，只要觸動「我喜歡…」「我想要…」，那麼婚姻基礎將不牢靠。因為我們被觸動♀金星、♂火星的機會是很大的，總不能結了再離（當不喜歡伴侶或喜歡另外一個人）、離了再結吧！

● ♅天王星、♆海王星總是使得戀愛過程，愛得死去活來的。畸戀、一夜情、外遇最容易發生，雖然婚姻關係中沒有這些香料，但是非常不適合婚姻的設計，因為充滿動盪。

● 所以緣份合盤中，就會以♄土星、♇冥王星最重要，因為它們才是婚姻中的真材實料。

5宮「戀愛宮」是我們在年輕戀愛時容易選擇的對象，因為一起玩的機會很多，本質是玩伴的性質。然而7宮「婚姻宮」也是我們潛意識本能的投射而做的選擇，投射的下場註定會有一場對立，因為沒有人能勝任扮演我們所投射的特質。

7宮的婚姻宮和1宮「命宮」是遙遙相對的，這意謂一旦婚姻成立時，合作關係也開始了。7宮是一對一的平等關係，所以為了可以順利 work，誓必兩人必須合作，並且適度退後一點，這就有了拉扯與角力的衝突。

一般人若能選11宮「朋友宮」當婚姻伴侶是很好、很幸運的，但不容易，因為11宮是友誼、不佔有、開放的品質，彼此很自由的，但婚姻在社會中的功能設計是♄土星（牢不可破，安全的堡壘）的法則，對夫妻的角色是有所規範與期待的，本質抑制了身心的自由，所以不容易在第一段婚姻中遇到，倒是「11宮」可做為再婚的對象。

12宮「因果輪迴宮」，一般較不建議這個宮位的對象，帶來的若不是無法落實、暗戀、地下情，不然就是要來還前世債的，不過**12宮的關係一向不容易落實**，12宮素有地下夫妻、有實無名的地下情緣份呢！

4宮很有成為家人、家族、家庭的緣份。較不是基於個人情愛或性愛因素，而是有一種想和對方共同組成一個家庭的意願。所謂的家庭，並不是一對一、男女兩人的那類感情，而是要有彼此的小孩、共同生活在一個屋簷下、財務家庭目標。

1宮「命宮」的緣份，向來健康多了。因為單純的動機，較能讓對方做他（她）自己。而不是滿足自己的某些需要下才喜歡這個人。

比如：別人♀金星入你1宮，則對方會很喜歡你本來的樣子，不需要成為知名人士時，才喜歡你。若別人♂火星入你1宮，那麼別人會對你整個人很有感覺的，只要看到你這個人，就會感到他自己的活力起來了。

因為我們的火星大部份時間是沈寂的。

了解「阿娜答」對你（妳）的慾望

所以現在讀者們可以把對方的行星（☉☽♀♂）放入你的星圖中。

阿娜答的☉太陽在你的以下宮位：

1宮：⊙希望看到你（妳）做自己，把自己表達出來，不需要配合他（她）或者隱藏你（妳）自己。對方看重的是你的本質，就算你（妳）是個工人階級。回歸做你（妳）自己。

2宮：你（妳）的賺錢能力或者擁有的資源、經濟，可以讓對方有面子或者幫助他（她）去發展自我的目標。這種關係比較不利夫妻，帶有點功利，你（妳）像金庫，容易被物化，但是會有重要的金錢緣份。

3宮：阿娜答和你（妳）相處輕鬆，像手足，常常說話，一起做無聊的小事。阿娜答會主動常常找你（妳），很親切像熟悉的朋友，但你（妳）未必是對方最在乎看重的。雖然是夫妻，更像手足。阿娜答鼓勵你談話、發表意見，並且覺得你與對方在處理日常生活事務或生活觀蠻像的，在一起時會花很多時間談話溝通。

4宮：有很強的力量可以組成家人緣份。阿娜答會想要和你（妳）組成家庭、家族，對你（妳）很有熟悉感，把你（妳）當成是對方的另一個家。你（妳）們若是夫妻，那麼阿娜答在家庭裡的地位高，你（妳）會交由對方來主導。

5宮：容易有戀情產生。阿娜答對你（妳）有興趣，感覺和你（妳）一起玩耍應該很好玩。會主動追求你（妳）、付出熱情、找你（妳）去玩。適合在外活動，不要待在家裡，出去比較好。

6宮：阿娜答看重你（妳）的工作處理事情的能力，可以幫助對方去完成職業方面的目標。你（妳）們之間有沒有工作連結，是夫妻緣份延續很重要的因素。阿娜答很容易看到你（妳）可以幫助對方完成想做的事，這是一個沒有辦法當朋友的位子，若是夫妻關係，那麼倆人之間的樂趣將會很少。

7宮：阿娜答很看重你（妳），希望你（妳）在倆人的關係中，扮演你（妳）應該做的角色。對方只在乎他和你（妳）的連結，不在乎你（妳）是否能做自己。

阿娜答感覺你（妳）對她（他）而言是很重要的。夫妻關係未必有利，因為阿娜答會很看重你（妳），但是夫妻不需要一個唯我獨尊的關係，要平等的對待。你（妳）們會打破這種平等性，對方會唯我獨尊，在關係中過於發展自己，但是你（妳）也接受，以致於達不到夫妻宮原本要的平等和諧。

關係相處時對方主動，事實上對你（妳）並不不公平，但是你（妳）卻接受。長久下來對方未必會想要自我獨尊或主導，而且時間久了下來，你（妳）也會受不了。

你（妳）們的關係一定要很平等，因為7宮是一個重要的合夥關係，阿娜答不可以對你（妳）予取予求，就算你（妳）看重對方，也仍然要有平等的基礎。阿娜答自以為在關係中是最重要的，若非如此，會感到受傷，因為她（他）要面子、自尊。阿娜答是這段關係中的主角，若要相處和諧，是要靠對方收斂，不可以一直發展自己的ego，不在你（妳）這方。一般朋友來看，不喜歡你（妳）們這樣，因為看到你（妳）在關係中處在不平等或很卑微的位子。若你（妳）們有問題時，一般會是對方惹出來的，對方想要有主導權，容易有負面情緒，因為她（他）自認為是獨特的，你（妳）應主動請問、就教或者報告。

8宮：任何人闖進別人問題重重的8宮或者自己的8宮被問題重重的人闖進來，那就麻煩了。

但就是會有人闖入你的8宮，若是你逃不了時，多半是與自己的貪念有關，因為8宮多半有交換存在，比如裡面有時會付出 sex，和對方上床後，得到了你想要的東西（對方買了一棟房子給你）。

我們對自己8宮的淨化，掌握上就很重要。8宮的命運是比較麻煩的，裡面的事雖然很明顯，但是底層下是很複雜的，牽扯到社會的禁忌面，裡面包含有 sex、金錢資源、道德…容易使人沈迷，很難跳出的。若是你們進入別人的8宮，其實對方並沒有控制你們，而是你們自己的慾望創造了對方的捕蝶網。

8宮形成的魅惑力持續較久，不容易膩，也不容易分手，所以當外遇發生就麻煩了。進入8宮，有時靈魂會受傷，有時 soul 會充實，端看8宮內能量如何。

阿娜答對你（妳）有強烈的興趣，你（妳）們有性、共產的緣份很深、很強。你（妳）會感到對方特別喜歡來找你（妳），因為你（妳）對她（他）有性吸引力，但是這個 sex 是神祕的，不是大家認知的，「性不等於一般的那個

sex」，而是兩個靈魂交纏的性，這很讓人沈迷的，容易留下很強的印記。會先同居或是維持很久的緊密關係，對方不容易脫離這個捕蝶網。

9宮：不論你們是否談得來，通常你們只會對某些主題談得來，較不親密，若是這些主題不談，其他的就談不來了。在想法價值觀的溝通中，容易有衝突產生，而且你（妳）們的日常生活並不常在一起。

9宮是要去了解人與人之間是不同的，這無關乎對或錯，就只是彼此說出各自想法罷了！要去學習互相欣賞。

10宮：對方看重你（妳）的社會地位與條件。因你（妳）的成就，讓對方在自己的朋友間有面子。這種關係裡也有自我投射。

11宮：對方當你（妳）是朋友，你（妳）們常常在一群人中認識或活動，像四海一家和群體在一起時，有好朋友的感覺，一旦一對一反而會陌生起來。

你（妳）們的關係都不會有佔有性、也較沒有親密感，有點疏離與距離的。

存在你（妳）們之間的關係可能來得很突然，但是也會走得很突然，不是熱烈激情的，容易在沒有談分手的情形下分手。對於一對一的愛人關係，是不夠緊密的。

你（妳）們之間容易有共同的理想，一旦分手就沒有感情了，這是一個沒有約束性的關係。

12宮：最跟前世今生有關，受前世的牽引，有時會有前世關係的重現或此生會有熟悉感。要特別留意12宮的緣份，來的人大都有Karma，且業力居多。

12宮都有熟悉感，是不明說的關係，內心很熟，但缺少現實的連結。超乎現實的連結，能量都會被隱藏，互動是很少的。

當別人所有行星在你的12宮時，對方一輩子都不會忘了你，因為這個宮位會牽引非日常生活中的互動，所以裡面是不容易忘記的。

對方對你有熟悉感，而且感覺你了解他的想法。對方感覺到只要告訴你，你就會有直覺，會以靈感、直覺的方式，告訴他們。對方很希望能和你有多一點的互動。

阿娜答的☽月亮在你的以下宮位：

1宮：對方對你（妳）有一種隱藏的依賴，但是不會說出來。他（她）的情緒、安全感對你有依賴，喜歡和你（妳）一起吃飯，分享內心情感，就像是一家人。

2宮：對方的安全感、情緒會依賴你（妳）的資源、金錢或者薪水的提供。但是對方不會說出來，希望你（妳）提供一個家，也許買個房子，付房屋貸款，家庭開銷也由你（妳）來負起，讓她（他）有安全感。對方也喜歡到你（妳）這兒吃東西或是你（妳）下廚作菜或由你（妳）張羅的一切。

3宮：對方對你（妳）有一種像手足的情感熟悉感。對方在你（妳）面前能自在地說出內心情緒或者其他事情，較容易表達情緒。對方會希望能每天或者常常和你說到話，只要能聽到你（妳）說話，就有一種家人的安全感以及親密的感受。但☽月亮的感受是屬於內在的，若對方沒說，你（妳）有時不會特別察覺。

4宮：對方內心把你（妳）當成家人，很自然會對你（妳）說內心話或心事，分享情緒或者替你（妳）做家務，因此會得到一種家人的歸屬感，把你（妳）當成為一家人，而你（你）會提供飲食、情緒、安全感、家的照顧。若你（妳）們是夫妻，在家將由你（妳）主持，管家的角色一定是你（妳）。比如：做菜、做家事、提供家庭功能的角色。

對方較依賴你（妳），很有家人緣份，對方是得到較多，付出較少的一方。

5宮：對方喜歡和你（妳）待在家裡，有親密感，較可能先同居。約會活動，喜歡待在家裡吃吃東西，在家cooking吃飯。對方內心對你（妳）有很強的情緒，溫柔、甜言蜜語，特別喜歡你，有一種情人感。在家特別合得來，很甜蜜，是情人的感受，非常幸福愉悅。☽月亮在這個宮位，你（妳）們的約會就不需要到外面。

6宮：你（妳）們的緣份帶有實際功利的目標。對方最後會發覺你（妳）對他（她）們的需求是有背後的目的，有時會受傷。對方對你（妳）很好，也有真情，但是你（妳）平時也許不會找對方一起玩樂，但會主動找對方替你（妳）處理事情。對方想要和你（妳）有更親密與感情的連結，對你（妳）友善、有感情，內心很依賴，但你只想要處理事情時會找對方，但對方較在乎情緒的親密。對方會覺得你只care實際的事，而不是他（她）的情緒，很敏感，會感覺你在壓榨他（她），不喜歡你（妳）的實事求是。

你們可以發展一種比同事還深一點的情緒，但很難發展真正的友誼，交往越久，越覺得不對勁。對方和你（妳）在一起越久，會越不想工作，越痛苦，容易對你有錯覺，感覺像同事又像朋友。

7宮：你（妳）們很有夫妻緣份，在一起很親密，彼此在情緒、安全感、內心上都有幸福感。對方希望你（妳）能看重，有較多的私人往來，像家人相聚。會喜歡黏你（妳），想和你（妳）一對一相處。

8宮：任何人闖進別人問題重重的8宮或者自己的8宮被問題重重的人闖進來，那就麻煩了。

但就是會有人闖入你的8宮，若是你逃不了時，多半是與自己的貪念有關，因為8宮多半有交換存在，比如裡面有時會付出sex，和對方上床後，得到了你想要的東西（對方買了一棟房子給你）。

我們對自己8宮的淨化，掌握上就很重要。8宮的命運是比較麻煩的，裡面的事雖然很明顯，但是底層下是很複雜的，牽扯到社會的禁忌面，裡面包含有sex、金錢資源、道德…容易使人沈迷，很難跳出的。若是你們進入別人的8宮，其實對方並沒有控制你們，而是你們自己的慾望創造了對方的捕蝶網。

8宮形成的魅惑力持續較久，不容易膩，也不容易分手，所以當外遇發生就麻煩了。進入8宮，有時靈魂會受傷，有時soul會充實，端看8宮內能量如何。

對方很期待你（妳）給其足够的安全感（Sex、金錢、資源…），但不會明白告訴你（妳）這個企圖與期望。對方對你（妳）很有Sex、金錢、權力的興趣，但是採被動的態度。

你（妳）有對方羡慕的東西或資源，但不會明白對你（妳）表達，會轉成另外一種依賴的情緒。若是夫妻，絕對是你（妳）替對方管理、支配財富。

你（妳）是支配家庭財務資源的人，一定由你管，對方也覺得你（妳）比較會管。

覺得你（妳）比較能幹，彼此會因家庭財務而有關連。

你會影響對方的內在情緒、安全感，這可讓對方體會到對你（妳）的原慾、以及複雜的情緒。你（妳）強烈吸引著對方，但剋相時會影響對方的安全感與情緒。你（妳）神祕的性吸引力，會讓對方不安，對方也會想藉由Sex得到安全感，對方無法承受那太沈重、太複雜的黑暗8宮及情緒，因為你（妳）對對方而言：太強了！

9宮：對方不會告訴你（妳）真正的情緒，會以退縮態度、來暗示你（妳）。心裡不高興時，即使你（妳）們很和諧，也不會告訴你（妳）。當你（妳）們不同時，對方會受傷，感覺被你（妳）排除在外，很沒有安全感，所以當你（妳）和對方觀念和想法不同時，不要明白說。

10宮：較不適合私人關係，因為對方在乎你（妳）在社會、事業上的表現，所帶給對方情緒、安全感。比較難有親密的感情，你（妳）們的關係像事業，你（妳）提供對方保障，但對方在感情上是被社會性意義牽制，於是關係中就有實際性，較不會有情感的交流。

11宮：對方覺得你很了解他（她），而且是一種不約束、不佔有的歸屬感。不是那麼傳統的家庭生活，你（妳）會讓對方開拓視野，而對方提供你（妳）一種家人溫暖的感受，有歸屬感、親密感，但不會是壓制的關係，對方感覺你（妳）很親近，而你（妳）們的活動裡，會和很多朋友一起分享家庭生活，不會只侷限在自己的家庭生活。你（妳）們會請朋友且沒有功利的目的。對方喜歡這種開放性的情感關係，即使沒有婚姻，也會把你（妳）當成家人在互動。可以變成好朋友的。

12宮：最跟前世今生有關，受前世的牽引，有時會有前世關係的重現或此生會有熟悉感。要特別留意12宮的緣份，來的人大都有Karma，且業力居多。

12宮都有熟悉感，是不明說的關係，內心很熟，但缺少現實的連結。超乎現實的連結，能量都會隱藏，互動是很少的。

當別人所有行星在你的12宮時，對方一輩子都不會忘了你。因為這個宮位會牽引非日常生活中的互動，所以裡面是不容易忘記的。

對方會強烈感受到一份情感，內在情緒上會對你（妳）有些依賴，但不會明白表示，平時也不會強調你（妳）們任何關係。內心有熟悉感，但缺少現實的連結與連絡。對方對你（妳）有一種心電感應，特別能感受到你（妳）知道他（她）在想什麼，就是一切盡在不言中。

你（妳）們是超乎所有的語言。對方會隱藏對你（妳）的情緒與情感。你（妳）們可以發展很久的關係。萬一有天要分開，心裡是不會分開的，特別是對方不會忘了你（妳）。仍然會在所有的關係裡，將你（妳）排在前面的。其實，對方對你（妳）有很多的期待，希望你（妳）能滿足她（他），但始終不會明說就是了。

阿娜答的♀金星在你的以下宮位：

1宮：對方感覺你（妳）的長相、lifestyle、生命態度、個人特質，是很獨特的。

就是你（妳）這個本然的自己，不是因為任何職業上的、金錢上的成就。你（妳）有吸引對方的特質，對方很喜歡和你（妳）在一起，或一起出現。對方不容易對你（妳）失去興趣，就是感覺你（妳）很有吸引力，很喜歡你（妳）的魅力。對方只要看到你（妳），永遠都會喜歡你（妳）的價值、氣質、味道，你有對方喜歡的典型。

2宮：對方喜歡和你（妳）一起享受感官、物質、美好的事務，大部份傾向由你（妳）提供。買漂亮的奢侈品、買禮物給對方或參加社交活動。剋相時要注意，對方和你（妳）在一起會是為了錢、享受、物質。

3宮：夫妻相處上，有很親的手足情誼。對方感覺和你（妳）在一起時很自在，你也很能接受對方待在你（妳）身旁，一起從事日常的活動會很合得來，你（妳）們在一起時很少吵架，對方很看重你（妳），而且彼此在日常話題上談得來，同時你（妳）會感到對方提供溫暖與欣賞，相處有愉快感。

4宮：你（妳）會提供對方吃喝玩樂、美食、愉悅的活動。你們在一起時，有一部份充滿社交、玩樂、美食、享受感官。若是夫妻，之間也會充滿吃喝玩樂的機會。對方可以透過你（妳），而得到享樂、歡愉，而你（妳）也會感覺和對方在一起很愉悅。對方會快樂化你（妳）的內在生活。

5宮：很強的男女情愛，對方感到你（妳）是他（她）要的情人。就是情人眼裡出西施，若沒有7宮緣份，5宮未必能成夫妻。5宮要綁住關係是很難的。對方喜歡你（妳）的特質，感覺和你（妳）在一起時會有戀愛的愉悅感。總之，對方覺得你（妳）是很好玩的人。

若是沒結成夫妻，對方對你（妳）的感情，也永遠不會消失。你會強烈覺得對方對你（妳）很有感覺。

6宮：你（妳）們可以一邊工作一邊玩，吃飯、享樂、談愉悅的感情，只是感情會受限，多半是伴隨著工作。對方對你（妳）容易有錯覺，感覺像同事又像朋友。

7宮：你（妳）們會有友善的情感關係，更適合在男女關係。若目前是一般朋友，那麼♀金星入7宮會有加強成為男女朋友的緣份。若已經是夫妻時，♀金星會加分，但這力量不會單純成為夫妻的唯一因素。你（妳）們喜歡談戀愛、相處，但未必會想與對方成為夫妻。♀金星是情人，對方喜歡找你（妳）作伴相處，很順眼，喜歡和你（妳）1對1，會單獨找你（妳）一起參與活動、分享吃飯、音樂、藝術…美好事務，適合作情人，對方會帶給你（妳）物質、精神或美。同時對方感覺你（妳）是迷人的伴侶，很愉悅、很有好感。

8宮：任何人闖進別人問題重重的8宮或者自己的8宮被問題重重的人闖進來，那就麻煩了。

但就是會有人闖入你的8宮，若是你逃不了時，多半是與自己的貪念有關，因為8宮多半有交換存在，比如裡面有時會付出sex，和對方上床後，得到了你想要的東西（對方買了一棟房子給你）。

我們對自己8宮的淨化，掌握上就很重要。8宮的命運是比較麻煩的，裡面的事雖然很明顯，但是底層下是很複雜的，牽扯到社會的禁忌面，裡面包含有sex、金錢資源、道德…容易使人沈迷，很難跳出的。若是你們進入別人的8宮，其實對方並沒有控制你們，而是你們自己的慾望創造了對方的捕蝶網。

8宮形成的魅惑力持續較久，不容易膩，也不容易分手，所以當外遇發生就麻煩了。進入8宮，有時靈魂會受傷，有時soul會充實，端看8宮內能量如何。

對方較功利，但是一個願打一個願挨，你（妳）雖然感覺到對方有點貪心，但不會有衝突，因為♀金星會以溫和的方式，要到好處！

男女間有Sex意識的連結與好感，對方喜歡和你（妳）有羅曼蒂克的Sex，在分享Sex的同時，對方感到你（妳）可以帶給他（她）深的神祕吸引力，比5宮戀愛宮力量來得強與執著，對方會對你（妳）昏頭與著迷。而且對你的物質、精神財富有很大的嚮往。感到你（妳）很聰明、很會享受、很有錢，你（妳）過的日子是對方所喜歡的。

對方特別對你（妳）感到愉快，喜歡找你（妳）為伴，總是對他有很強的吸引力、神祕、無法理解的人。你（妳）所談、所專的事務，是對方看得上眼的，對方覺得和你（妳）在一起，可以自你（妳）處得到資源。

9宮：你（妳）們在相處中有大量的外國飲食、宗教信仰、哲思、智慧的社交活動。這些也是對方喜歡你（妳）的部份。你（妳）們喜歡一起去外國旅行。

10宮：若是夫妻，那麼在感情本質中，會有事業與感情的現實利益存在。

11宮：11宮是不易成夫妻緣份的宮位，不強調一對一的男女關係。除非加上其他4宮（家庭宮）、7宮（夫妻宮）的緣份。

你（妳）們可以變成好朋友，對方覺得你（妳）是很有趣的朋友，但都不會是佔有性、很自由的感情。對方可以接受也喜歡你（妳）約會時，總是一群朋友出現，也喜歡找你（妳）一起去參加集體社交活動（吃飯、表演、休閒、溫泉⋯⋯）。你（妳）可以開拓對方的社交生活、藝術的看法，你（妳）給對方寬廣、前衛、原創的想法，也會介紹朋友給對方。

12宮：最跟前世今生有關，受前世的牽引，有時會有前世關係的重現或此生會有熟悉感。要特別留意12宮的緣份，來的人大都有Karma，且業力居多。12宮都有熟悉感，是不明說的關係，內心很熟，但缺少現實的連結。超乎現實的連結，能量都會隱藏，互動是很少的。

當別人所有行星在你的12宮時，對方一輩子都不會忘了你。因為這個宮位會牽引非日常生活中的互動，所以裡面是不容易忘記的。

對方對你（妳）很有好感，你（妳）有對方喜歡的Type，但不是喜歡你（妳）的外表長相那種。會有暗戀的關係，對方喜歡你（妳），但不會去追你（妳），傾向放在心上，因為和12宮的你（妳）在一起時，雖然有內心的熟悉感，但其實並不好玩，會有一種輪迴的精神壓力，所以平時對方未必會找你（妳）去玩。你（妳）們日常生活中看起來並不緊密，但心靈上卻很緊密。

阿娜答的♂火星在你的以下宮位：

1宮：對方對你（妳）的慾望會加強，尤其是男生♂火星入女生的1宮，感受特別強。對方感覺你（妳）的自我表達，很像他生命活力的本質。希望你（妳）做自己，不需要去符合他（她）期望中的太太或先生。

可以做你（妳）自己，對方不會想要改變你（妳），所以較不會有衝突。在對方面前不需要隱藏自己，同時，你（妳）也強化了對方的活力，因為一般人的活力是比較沈寂的，所以對方會因你（妳）而感到有活力。對你（妳）產生慾望，對方與你（妳）在一起時也會較有精神。

2宮：要小心對方在錢方面的衝動，導致你（妳）們將來容易有糾紛。讓你（妳）的資源金錢有損失。彼此小心財務問題，對方也許會鼓勵、提議你（妳）去投資。若是你（妳）們有傷感情的事情發生，大半會是對方造成的，但是對方會覺得是你（妳）的金錢觀，讓他（她）生氣。對方容易為了自己的欲望或理想，而看重或含概了你（妳）的資源、收入能力。也容易對你（妳）處理金錢的方式不順眼、有意見或者不以為然。比如：錢為什麼要存放銀行？對方會督促你（妳）放出資源金錢。

3宮：你（們）很容易吵架、爭執。若是夫妻，會為彼此兄弟姊妹的事，而有不愉快。要小心在開車中的爭執。

4宮：對方覺得你（妳）很懶，會不斷要求你（妳）。你（妳）們在家很容易情緒爆發爭吵或一起從事家務，大掃除這類事。

待在家裡容易吵架，對方在家看到你（妳），就會主動去干預、去管，對你（妳）所做的事，很容易感到煩燥，內心騷動不安。若是你（妳）在家有事做時，對方就較不會囉嗦，就算你做了很多事，但對方都會不高興，不斷地挑毛病，這是很不利家居生活的關係，對方會一天到晚唸你，顯得很毛燥的個性，而且一定會說、會唸。你（妳）們的居家生活不會平靜的。小心在家裡的暴力。

5宮：對方對你（妳）的慾望感受很強，只要上床完成sex，肉體的需要、遊戲就結束了。容易發生使君有婦的情形，對方對你（妳）的慾望較難克制，會躍躍欲試，赤裸裸地慾望，不會純然的精神外遇，但是對方在關係中性慾會滿足，比較無法滿足你（妳）對羅曼蒂克、歡愉戀愛的需求。

6宮：對方對你（妳）要求很高，會用完美主義挑剔的態度對你（妳）。要求你（妳）要完成工作。對方也很堅持己見，同時會要求你（妳）要有好的表現，最好不要一起工作，很容易爭吵的。

7宮：對方對你（妳）有慾望，一開始會透過 Sex 的連結，讓你（妳）們的關係變得比較重要。對方對你（妳）有物質、金錢、享受或想達成的目的。剛開始交往時，你（妳）們之間會有很多的 Sex 活動，但後期很容易產生衝突。對方會因為情緒的騷動，又不容易自我控制，而引起你（妳）的不快。對方對你（妳）會有過份的侵略或予取予求的慾望。

8宮：任何人闖進別人問題重重的8宮或者自己的8宮被問題重重的人闖進來，那就麻煩了。

但就是會有人闖入你的8宮，若是你逃不了時，多半是與自己的貪念有關，因為8宮多半有交換存在，比如裡面有時會付出 sex，和對方上床後，得到了你想要的東西（對方買了一棟房子給你）。

我們對自己8宮的淨化，掌握上就很重要。8宮的命運是比較麻煩的，裡面的事雖然很明顯，但是底層下是很複雜的，牽扯到社會的禁忌面，裡面包含有

sex、金錢資源、道德…容易使人沈迷，很難跳出的。若是你們進入別人的8宮，其實對方並沒有控制你們，而是你們自己的慾望創造了對方的捕蝶網。

8宮形成的魅惑力持續較久，不容易膩，也不容易分手，所以當外遇發生就麻煩了。進入8宮，有時靈魂會受傷，有時soul會充實，端看8宮內能量如何。

對方強烈希望你（妳）成為其伴侶，但和你（妳）相處時容易有糾紛產生。對方注意你（妳）的金錢、Sex、精神、物質、財富，8宮本質上比較貪，對方容易對你（妳）有貪念，但很幽微，對方未必能理解自己底層下的慾望動機，所以，倆人之間很容易發生不快的事、會因為Sex、金錢而有糾紛。

小心對方強暴或勉強你（妳）與其發生Sex關係，你（妳）也會感到對方想向你（妳）要錢、要性、要資源，同時感到對方的強烈自我慾望。對方對你的傾羨是很複雜的，不純然是男女愛戀的欣賞而已（5宮戀愛宮才會單純）。裡面所含的未必有和諧的慾望在裡面，所以很多夫妻容易為錢吵架就是這樣。對方會以硬的、強的方式要你（妳）的資源（包括：Sex）。Sex關係中，有時會吵架，但對方仍然會要你（妳）的Sex，和他（她）上床。

在性、金錢上應該會不悅。你（妳）感覺對方對你（妳）有慾望，對方會對你主動、衝動、投資、草率的態度…導致你（妳）受損、失和。對方強烈主張要支配你（妳）的資源。

9宮：你（妳）在觀念上很容易衝突吵架，有很多基本觀念對立。有時候談談宗教、哲學、文化、信仰、法律、對政治的意見、道德、社會正義。你（妳）們很少談重要的事，對方在溝通上看似很民主或者願意聽你（妳）的想法看法，但是當你（妳）一說出來時，對方又很堅持己見，對你（妳）的說法開始批判、爭論，太認真了，帶來不愉快。

10宮：你（妳）們有大量的職業互動，容易有競爭性的關係，對方顯得太自我中心、衝動且大膽。

11宮：11宮是願望宮，朋友宮，裡面的本質沒有任何束縛，很自由的。對方會找你（妳）麻煩，容易為團體、朋友的事，而有爭端，要同時注意5宮、8宮有沒有剋相，會與朋友有Sex的問題，衝動造成。對方會批評你（妳）對人生的看法、價值觀、理想，而你（妳）將感到對方很具侵略性、很急躁。

12宮：最跟前世今生有關，受前世的牽引，有時會有前世關係的重現或者此生會有一份說不上來的熟悉感。要特別留意12宮的緣份，來的人大都有Karma，而且業力居多。

12宮都有無明的熟悉感，是言詞無法表達、直覺、感覺的關係。比如，初初認識就匆匆道別，然而一別就是三年，當再見面時，內心彼此很熟很自在，不須要再花上一段時間熟稔。彼此之間缺少現實的連結。

超乎語言、時間、空間……等等的現實連結，能量都會隱藏，互動是很少的。

當別人所有行星在你的12宮時，對方一輩子都不會忘了你。因為這個宮位會牽引非日常生活中的互動，所以裡面是不容易忘記的。

對方對你有Sex趣，但會無能展現。你（妳）們容易發展出柏拉圖的關係，會昇華成無能。Sex不會成為你（妳）們的常態關係，對方無法做他（她）想對你

（妳）做的事，但並不代表不喜歡你（妳）。

你（妳）讓對方的原慾衝動變得不那麼獸性和侵略性了。對方的性，因為你（妳）而昇華了，容易性冷感，雖有性幻想，但沒辦法上床做。

對你（妳）有暗戀的 Sex 趣，就算真刀實槍做了，對方也會有同樣的感受。

【關係板塊的體質檢視】

星圖的基本行星粗分為內行星與外行星。距離地球較近的行星，因能量容易被感知到而稱之。有太陽、月亮、水星、金星、火星，五個行星。而相對較遠的外行星有：木星、土星、天王星、海王星、冥王星。

內行星對當事人而言，有心裡感受，屬於內緣。與這一世的現實肉體的心智緣份及感受會很強，會隨著生命流轉。

而外行星則與社會、宇宙的外緣有關。與社會、家庭共業有關。所以木土是有關社會緣份；天王星、海王星、冥王星則與宇宙的緣份有關，所以外行星就更複雜。

親密關係中，內緣可以很好，會合得來，但是外行星不好時，就不適合一起做事或做事業。但也有內緣很糟，憎恨彼此，但外緣很好，一起做事很成功的情形。

現實命運的鎖鏈：土星♄與冥王星♇

月亮、海王星、土星、冥王星與過去世的業力有關。其中土星、冥王星的業力會在現世出現，所以現實功課命運最強的行星是：土星♀、冥王星♇。

土星♄

現世宿命最明顯、力量最大。土星代表的現實，不僅是這一世，同時也是多生多世的現實。所以在形成重要的關係，裡面不可能沒有土星的元素。

在這個業力星的環節，它讓我們看到什麼是命運的宿業、如何運作的、教導、教訓、給予生命功課最重要的行星。土星的關係都是以最明顯的方式出現，土星是家庭功課、明顯的，在土星面前必須學習堅強，才能習得它要教導的智慧。

然而土星，不管你學不學，它是一定會出現的。

冥王星 ♇

冥王星的力量常常是幽微隱晦、不容易被辨視出。冥王星是重要的宿業、重要的學習，常常是那情緒的暗流。

冥王的問題常常是隱性的困擾、焦慮、不安，但會有領悟轉化的可能，只是有時也會先摧毀你所相信的事務，而後才接著帶來新的理解。

與土星的不同，冥王像一顆隱藏的炸彈，也許我們覺得有威脅，但此生永遠學不會這個功課，因為我們會忽略這個炸彈。雖然它會影響我們，但我們不會像面對土星一樣地去面對它。

打個比方：土星的困難就像是『要籌今天下午三點半的一張銀行支票』；冥王星的問題像是『剛剛心中突然冒出一股不明的恐慌、糾心』(你知道那是某種總有一天遲早會來的未知預警)。那麼大部份的我們會先去籌軋票的錢，還是會先面對那股常常幾乎可以讓你窒息的隱性威脅?!

冥王星在意識上雖然比土星更可能帶來生命進化轉化的大躍進，但是它未必會發生在現實生活中。但土星的事件一定會回到現實裡的。冥王星的學習是朝向未來靈魂的進化學習。而土星是宿世的業，在此生清清楚楚的債業要結帳，要清理的，所以與你有土星關係的人一定會找上你。

這真的是弔詭，我也年輕過，了解那個必然的心碎痛心的折磨。面對每段感情總是希望開花結果，就跟世俗的價值觀一樣，希望當到達適婚年齡時，自然地走入家庭生活。但是學習冥王星、土星之後，真是十足地心疼過去的自己還有你們啊～

當彼此的冥王星、土星與對方的月亮產生相位時，那麼這個命運的鎖鏈便扣住了！

【土星與月亮】

・彼此的土星與月亮在同一星座：

☽月亮 12 星座	♄土星在以下星座
牡羊 ♈	牡羊 ♈
金牛 ♉	金牛 ♉
雙子 ♊	雙子 ♊
巨蟹 ♋	巨蟹 ♋
獅子 ♌	獅子 ♌
處女 ♍	處女 ♍
天秤 ♎	天秤 ♎
天蠍 ♏	天蠍 ♏
射手 ♐	射手 ♐
魔羯 ♑	魔羯 ♑
寶瓶 ♒	寶瓶 ♒
雙魚 ♓	雙魚 ♓

這是重要的責任相位，土星帶來長期的執著，有利於世俗的婚姻，不易破裂，但不利於家居生活。這組相位對於一起做事是有利的，但月亮這方的壓力是比較大的。可以成事，但月亮的付出太實際，通常沒有喘息的機會。在這關係中，月亮方有安全感。這是一對不太花錢的夫妻，月亮會替土星做事。

女月男土：不利受孕。

男月女土：男方潛意識裡是選擇一個母權，心靈上依靠並希望被約束。

・彼此的土星與月亮在和諧星座：

☽月亮12星座	♄土星在以下星座	
牡羊 ♈	獅子 ♌	射手 ♐
金牛 ♉	處女 ♍	魔羯 ♑
雙子 ♊	天秤 ♎	寶瓶 ♒
巨蟹 ♋	天蠍 ♏	雙魚 ♓
獅子 ♌	牡羊 ♈	射手 ♐
處女 ♍	金牛 ♉	魔羯 ♑
天秤 ♎	雙子 ♊	寶瓶 ♒
天蠍 ♏	巨蟹 ♋	雙魚 ♓
射手 ♐	牡羊 ♈	獅子 ♌
魔羯 ♑	金牛 ♉	處女 ♍
寶瓶 ♒	雙子 ♊	天秤 ♎
雙魚 ♓	巨蟹 ♋	天蠍 ♏

土星的本質會帶來制約，不論是好壞相位，都不會是輕鬆的。這組因星座能量有相近的屬性，所以有利於家庭實際的責任。

土星方提供支援、輔助，而同時不會帶給對方太大壓力。土星管錢、理財、或提供經濟，會給月亮這一方關於人生的理性建議。而月亮方提供溫柔的居家條件。

男月女土：男方把女方視為家庭支持的好媽媽，同時會尊敬女方。

女月男土：會把男方視為好爸爸。而土星會有強的責任感，較不會有低潮與壓力。

・彼此的土星與月亮在掙扎矛盾的星座：

☽ 月亮 12 星座	♄ 土星在以下星座	
牡羊 ♈	巨蟹 ♋	魔羯 ♑
金牛 ♉	獅子 ♌	寶瓶 ♒
雙子 ♊	處女 ♍	雙魚 ♓
巨蟹 ♋	牡羊 ♈	天秤 ♎
獅子 ♌	金牛 ♉	天蠍 ♏
處女 ♍	雙子 ♊	射手 ♐
天秤 ♎	巨蟹 ♋	魔羯 ♑
天蠍 ♏	獅子 ♌	寶瓶 ♒
射手 ♐	處女 ♍	雙魚 ♓
魔羯 ♑	牡羊 ♈	天秤 ♎
寶瓶 ♒	金牛 ♉	天蠍 ♏
雙魚 ♓	雙子 ♊	射手 ♐

這是重要關係出現的相位，非常不利婚姻。

土星對月亮的安全感、歸屬感、情緒……會造成大的壓力，困難的。土星方是月亮的憂鬱天使，輪迴報應，痛不欲生的人。

男月女土：女土像是父權，望夫成龍。男月亮有大的壓力，會想躲藏，被動式逃避。

女月男土：男土想要傳統角色，而壓抑月亮的善感本質。土星方會帶來極大的不愉快。

・土星與對方的月亮在互補的星座：

☽月亮 12 星座	♄土星 在以下星座
牡羊 ♈	天秤 ♎
金牛 ♉	天蠍 ♏
雙子 ♊	射手 ♐
巨蟹 ♋	魔羯 ♑
獅子 ♌	寶瓶 ♒
處女 ♍	雙魚 ♓
天秤 ♎	牡羊 ♈
天蠍 ♏	金牛 ♉
射手 ♐	雙子 ♊
魔羯 ♑	巨蟹 ♋
寶瓶 ♒	獅子 ♌
雙魚 ♓	處女 ♍

土星會造成壓力，但不是對月亮不好。常出現老少配的相位。他們會在年紀、處境、條件上…的差距，而使月亮受到壓制、會有恐懼。但不是個人性的，而是外在條件、事業上的可敬對手。

男月女土：女方會限制男方，激起與母親的困難。

女月男土：女方因男生狀況，要扮月亮會有困難。有被壓抑的情形。

【冥王與月亮】

・彼此的冥王星與月亮在同一星座：

♇冥王星在以下星座	☽月亮 12 星座
牡羊 ♈	牡羊 ♈
金牛 ♉	金牛 ♉
雙子 ♊	雙子 ♊
巨蟹 ♋	巨蟹 ♋
獅子 ♌	獅子 ♌
處女 ♍	處女 ♍
天秤 ♎	天秤 ♎
天蠍 ♏	天蠍 ♏
射手 ♐	射手 ♐
魔羯 ♑	魔羯 ♑
寶瓶 ♒	寶瓶 ♒
雙魚 ♓	雙魚 ♓

冥王強烈希望月亮扮演母親的角色。冥王是黑暗與光明的力量，所以力量很大。月亮可以受到冥王的正面鼓勵與黑暗的催眠，讓月亮可以變得更加成熟。

月亮很難離開冥王，而冥王也會給月亮大錢，不會索求。冥王星會影響、關心月亮方的生活。

・彼此的冥王星與月亮在掙扎矛盾的星座：

☽月亮 12 星座	♇冥王星在 12 星座
牡羊 ♈	巨蟹 ♋　魔羯 ♑
金牛 ♉	獅子 ♌　寶瓶 ♒
雙子 ♊	處女 ♍　雙魚 ♓
巨蟹 ♋	牡羊 ♈　天秤 ♎
獅子 ♌	金牛 ♉　天蠍 ♏
處女 ♍	雙子 ♊　射手 ♐
天秤 ♎	巨蟹 ♋　魔羯 ♑
天蠍 ♏	獅子 ♌　寶瓶 ♒
射手 ♐	處女 ♍　雙魚 ♓
魔羯 ♑	牡羊 ♈　天秤 ♎
寶瓶 ♒	金牛 ♉　天蠍 ♏
雙魚 ♓	雙子 ♊　射手 ♐

月亮有能力去對抗逃避，會與冥王黑暗的力量產生掙扎，但月亮是以被動的方式來表達衝突，不是明的表示。然而，兩人都是以隱藏的方式對抗，權力鬥爭像內心戲或暗中上演的戲，外人較看不出來。都是等到事情爆發才會上演出來，不會放到枱面上面。對家庭生活會有壓力，有情緒的冷戰。

這對會讓人覺得空氣中有點古怪，不是訴諸個性意志的爭執。雖然是隱藏的情緒，但還是有情緒。冥王較強勢，會利用月亮的軟弱而去控制月亮的情緒，但月亮仍可以有自己逃開的方法。經常在兩性關係中的財務、性生活方面不協調，也容易有性慾與情緒的不協調。但月亮這方較不會因此而表達或去討論；只會在財務上去談這方面的衝突。

月亮會反彈冥王對其控制。但冥王潛意識中是極力想控制月亮的。月亮會轉移兩人之間不愉快的事，而以被動的方式來脫離冥王的控制。彼此都不說實話，之間的戰場都是橫生枝節出來的，不是反映真實的。冥王與月亮的90度相位中，冥王星這方是索求者。

男月女冥：這個女生的個人星圖中，必有天蠍或冥王相位的相關能量。

女月男冥：冥王想要月亮扮演傳統裡的角色；冥王會使月亮自動想去扮演照顧冥王的角色。總之，冥王想要月亮提供安全感、財務。然而，有趣的是，冥王在關係中也會有壓力，因為當女月亮要扮演子宮蘊育時，男生冥王會想要從那個女性子宮裡脫離出來（保護照顧的功能）。女生所表現出的情緒照顧像是要他回到嬰兒的狀態。

夫妻都是共有財產上的衝突。月亮會覺得權力被侵犯，不容易離婚，是強有力的關係，在乎金錢，有太多東西糾葛在一起了。月亮方比較強烈感受到不愉快（就算不衝突的時候也不快樂，關係中容易有壓力）。而冥王這方只有在衝突時才會感有壓力。

・彼此的冥王星與月亮在和諧星座：

☽月亮 12 星座	♇冥王星在 12 星座	
牡羊♈	獅子♌	射手♐
金牛♉	處女♍	魔羯♑
雙子♊	天秤♎	寶瓶♒
巨蟹♋	天蠍♏	雙魚♓
獅子♌	牡羊♈	射手♐
處女♍	金牛♉	魔羯♑
天秤♎	雙子♊	寶瓶♒
天蠍♏	巨蟹♋	雙魚♓
射手♐	牡羊♈	獅子♌
魔羯♑	金牛♉	處女♍
寶瓶♒	雙子♊	天秤♎
雙魚♓	巨蟹♋	天蠍♏

冥王會想控制月亮，但是是以幫助的方式，最能讓月亮感覺可以接受的方式，較沒有壓力，對月亮有影響力。

月亮察覺冥王這方的權力、力量。若月亮是很強星座，仍然會覺得冥王的權力力量對其是有好處的。對月亮財務有很大明顯的幫助。冥王這方是家中主要財務供應者，會負責出大錢給月亮。會鼓勵月亮去扮演和家庭有關的角色，使得月亮會自我強化月亮的角色。

冥王這方會強化月亮去管水管電…舉凡生活上的事務。冥王較為自己，但月亮對此奇摩子不會不爽。只是天下沒有白吃的午餐，月亮會覺得拿到對方的好處是因為自己有去扮演照顧者，應得的。

男月女冥：女冥王去扮演完美母親角色來保護他。女生要扮女強人。

女月男冥：男冥王出錢。女月亮去扮演下廚與家務。

・彼此的冥王星與月亮在互補的星座：

☽月亮12星座	♇冥王星在以下星座
牡羊 ♈	天秤 ♎
金牛 ♉	天蠍 ♏
雙子 ♊	射手 ♐
巨蟹 ♋	魔羯 ♑
獅子 ♌	寶瓶 ♒
處女 ♍	雙魚 ♓
天秤 ♎	牡羊 ♈
天蠍 ♏	金牛 ♉
射手 ♐	雙子 ♊
魔羯 ♑	巨蟹 ♋
寶瓶 ♒	獅子 ♌
雙魚 ♓	處女 ♍

關係中有一種情境、身份、不是個人處境，月亮得要去扮演母親角色，但冥王不是為了個人欲望。這種相位有潛在的衝突，造成月亮的壓力。會要為家庭、母親、財產、財務有爭執。冥王希望月去扮演期望的角色。月亮雖然擁有家產的繼承身份，但冥王覺得自己也有繼承條件。二人內心都有在想未來要如何分家，但不會說出來。夫妻關係中容易為大錢有大的衝突。

男月女冥：女冥王是形成壓力的母親。不是來自掙扎矛盾相位的那種控制，而是冥王的身份讓月亮受不了。比如：冥王是成功者，這提醒了月亮早期和母親底層下的恨意。

女月男冥：男冥希望月亮去扮演希望的角色。月亮方因被迫扮演母職角色而有壓力。

【同居的緣份：4宮】

土星：對方土星人你4宮

土星是沈重責任。土星願意承擔但不像木星的愉悅，有種不得不做、不得不扛的緣份。會背負4宮人的需要。土星感覺責任逃不掉，而且土星的付出，4宮永遠覺得不夠。相對的，木星只做一點點，4宮人就萬般感恩、很開心。

但4宮感覺土星太重自己的處境，無法讓宮位這方感到愉悅。土星無法滿足4宮得到想要的。

夫妻緣份中，土星對4宮有責任感，會約束4宮人。而4宮人覺得有壓力，不會喜歡與土星同住的家人緣份。

冥王：對方冥王星入你4宮

冥王人有操之生死的力量，是有能力改造4宮。冥王星是操控者，帶有正面與負面的摧毀力量。冥王有感情、激進的表達。對4宮的影響很大，但住一起的壓力也很大。冥王執著要4宮當其家人。冥王是控制方，為家庭經濟提供者。

4宮人當冥王為重要的家人。

【5宮 戀愛、子女緣份】

土星

對方土星入你的5宮，不純好玩，會有深的緣份，但很累，必須承擔。夫妻關係中不利生育。扶養、生養、懷孕…會有困難，即使沒避孕，也不容易懷上。

5宮人會因土星感受到壓抑，創造、想玩的能量被抑制。感覺土星給很多限制而無法為所欲為。玩樂的即興感起不來。感覺土星很無趣，雖然有責任感、實際，可以導入實際利益，但會抑制即興遊戲的部份。

土星會把5宮局限在非遊戲的領域。不會感受到5宮人的真正特質，而只想落實與5宮的實際結果與價值。

冥王星

對方的冥王星入你的5宮很慘。戀愛談得死去活來，佔有慾爆表、暴力激情、佔有性的關係。冥王想佔有5宮人，會限制5宮人、吃醋、嫉妒，而5宮人很難脫逃。最好一開始就避開。

【8宮】重中之重！

任何人闖進別人問題重重的8宮或自己8宮問題重重的人，是很麻煩的。然而在人際關係中，宮位的人都是可以選擇『NO』的人。所以8宮人有能力選擇，當逃不了時，有時往往與8宮本人的貪念有關。所以對8宮淨化的掌握度很重要。8宮的命運是比較麻煩的。

土星

對方土星入你8宮時，較不適合親密關係。在夫妻關係中，土星會拉8宮人去開公司、財務投資。時間久後，土星這方容易失去對8宮人的性趣而不願上床。

冥王

力量非常強，有強烈的現實的共產。冥王對8宮的資源很執著，會受8宮人的吸引。

8宮人引起冥王的強烈激情。剋相時，容易有糾紛。會有大的權力鬥爭、贍養費、遺產…要減少錢的互動。冥王的功課往往是靈魂最執著的部份，最難修行的。相較火星而言，火星往往只是肉體欲望的執著，好的宗教是可以剋住火星，但未必能制住冥王星，它像是阿賴耶識中隱藏的慾望。只能藉靈性轉化讓冥王靈魂中的執著放下。

【美麗與哀愁】：♅天王星、♆海王星

天王星能量是當下、此時此刻的。所謂的當下，其實是隨時都在變化的。天王星有

很大的力量。但不會把力量附著在「任何」上面。天王星有很大的變化、超越性的能量。它是命運，但不是宿命。天王星在人際關係中可以解脫，但也可以造業。

海王星在命運中，與現實關係是抽離、幻境。海王星的人沒有任何企圖心、有很大的混沌。無法落實在現世命運的。海王星不受到現實的決定，是「非現實」的命運。來自「宿世」業的結果，目標是終極解脫。

海王星是對人生有「多元時空」關係理解的人。海王可以了解到：『愛一個人，最後卻沒有結果，是沒有關係的，因為它還是愛。因為存在著「多生多世」的空間。』但這對現實感重的人，『不行！愛一個人愛不到就像要死掉了。』因為認為現實是重要的，沒有結果的感情，只是徒浪費時間金錢與精力。

天王星、海王星是太陽系中，從地球的角度來看，位於土星之外，離地球更遠的兩顆行星。所以不受地球土星法則的規範，也就是你們別用世俗倫理那套強套在他們身上。海王星是自立於其他行星外的地球旅程，他們不是來學習愛的。而是透過人類個體演化的每個面向，落實到現實中的失望來完成這次的旅程。

天王星是『解脫』；海王星是『涅槃』。

天王星♅

・彼此的天王星與金星在同一個星座：

♀金星12星座	♅天王星在以下星座
牡羊♈	牡羊♈
金牛♉	金牛♉
雙子♊	雙子♊
巨蟹♋	巨蟹♋
獅子♌	獅子♌
處女♍	處女♍
天秤♎	天秤♎
天蠍♏	天蠍♏
射手♐	射手♐
魔羯♑	魔羯♑
寶瓶♒	寶瓶♒
雙魚♓	雙魚♓

天王星對金有情慾、浪漫、立即觸電的吸引力。天王星裡面必有訝異的東西存在，會帶動較無法掌握的、突然的或古怪的一剎那。天王星對金星的熱度，會一見鍾情，或者第一次沒有感覺但後面突然就有了。

天王星能量來得快，去得也快；會主動開始，也會主動結束。千萬不要守著『一開始是他(天王星)先追我的，起初我還不要呢！現在怎麼會這樣。沒有給我任何解釋就要分手…』。當時的觸電是真的，現在電力消失了的感覺也是真的。別忘了一開始我便說了，「當下」是變動的。是金星守著「承諾」，那是土的邏輯啊！也就是「感覺沒有了，也不可以離開我嘿。」。

天王星是不傳統、不守規矩的相處。天王星會帶來、放大金星的享樂：送禮物、揚熱氣球傳送愛語……自由。天王星會影響金星的經濟，增加金星的物質。

男金女天：天王星的不傳統女性，刺激金星男做個自由人。

女金男天：男生不傳統、刺激、興奮。會讓金星女經驗到不常見的情感形態。

一見鍾情，不會有宿命感覺。冥王星、土星與金星的相位才有前世的交纏。

・彼此的天王星與金星形成掙扎矛盾的星座

♀金星 12 星座	♅天王星在 12 星座
牡羊 ♈	巨蟹 ♋　魔羯 ♑
金牛 ♉	獅子 ♌　寶瓶 ♒
雙子 ♊	處女 ♍　雙魚 ♓
巨蟹 ♋	牡羊 ♈　天秤 ♎
獅子 ♌	金牛 ♉　天蠍 ♏
處女 ♍	雙子 ♊　射手 ♐
天秤 ♎	巨蟹 ♋　魔羯 ♑
天蠍 ♏	獅子 ♌　寶瓶 ♒
射手 ♐	處女 ♍　雙魚 ♓
魔羯 ♑	牡羊 ♈　天秤 ♎
寶瓶 ♒	金牛 ♉　天蠍 ♏
雙魚 ♓	雙子 ♊　射手 ♐

這組的吸引力不全是男女情感。也包括：性別或角色方面的不傳統。兩性關係常處在『off & on』、聚少離多、分偶的、不傳統的、自由的或其中另一人有別的對象（多夫、多妻）。如果天天一起，容易分手（一、二年還可以，十年就不好）。

金星覺得天王這方不穩定、不可靠的。當初天王先來找，結果也是天王決定要走。

天王這方覺得金星太重視安全感、金錢（金星是有錢的，只是沒有安全感）。

女天男金：女生會顯得特別強。

女金男天：這個男天王會特別陰柔。

・彼此的天王星與金星形成和諧星座：

♀ 金星 12 星座	♅ 天王星在 12 星座	
牡羊 ♈	獅子 ♌	射手 ♐
金牛 ♉	處女 ♍	魔羯 ♑
雙子 ♊	天秤 ♎	寶瓶 ♒
巨蟹 ♋	天蠍 ♏	雙魚 ♓
獅子 ♌	牡羊 ♈	射手 ♐
處女 ♍	金牛 ♉	魔羯 ♑
天秤 ♎	雙子 ♊	寶瓶 ♒
天蠍 ♏	巨蟹 ♋	雙魚 ♓
射手 ♐	牡羊 ♈	獅子 ♌
魔羯 ♑	金牛 ♉	處女 ♍
寶瓶 ♒	雙子 ♊	天秤 ♎
雙魚 ♓	巨蟹 ♋	天蠍 ♏

天王星帶給金星好玩的事務，天王星也多了很多金星帶來的享樂。天王星會開啟金星的社交。夫妻間存在一種友情、開放式的關係。不會綁在一起，沒有約束性，沒壓力。天王星對金星很自由。不會一定要求每天見面或通電話，當然金星也無法要求天王星守約定。

・天王星與金星形成互補星座

♀金星 12星座	♅天王星 在以下星座
牡羊 ♈	天秤 ♎
金牛 ♉	天蠍 ♏
雙子 ♊	射手 ♐
巨蟹 ♋	魔羯 ♑
獅子 ♌	寶瓶 ♒
處女 ♍	雙魚 ♓
天秤 ♎	牡羊 ♈
天蠍 ♏	金牛 ♉
射手 ♐	雙子 ♊
魔羯 ♑	巨蟹 ♋
寶瓶 ♒	獅子 ♌
雙魚 ♓	處女 ♍

這組180度翹翹板的相位，會突然地互相吸引。比掙扎矛盾（90度）的相位，更奇怪、更短暫。邏輯上原本是不太可能的。有點相聚是為了分手，特別不利在一起。當兩人的

關係過去了，就過去了，不會存在太久，是可以避免的。會很快結束關係。但之後會感覺到這段感情，天王星擴展了金星的浮世生活。

海王星

海王星與金星的相位中，對男女關係而言，以矛盾掙扎（90度）和對立互補（180度）的相位，所含的隱藏、無聲的電波最多。只為被當事人接收，但無法被實現。

海王星是大引誘者，但不會有行動。金星是被引誘者，反而會有行動出現。

・彼此的海王星與金星在同一星座：

♀金星 12星座	♆海王星 在以下星座
牡羊 ♈	牡羊 ♈
金牛 ♉	金牛 ♉
雙子 ♊	雙子 ♊
巨蟹 ♋	巨蟹 ♋
獅子 ♌	獅子 ♌
處女 ♍	處女 ♍
天秤 ♎	天秤 ♎
天蠍 ♏	天蠍 ♏
射手 ♐	射手 ♐
魔羯 ♑	魔羯 ♑
寶瓶 ♒	寶瓶 ♒
雙魚 ♓	雙魚 ♓

兩人並不容易在一起。金星能量是被動的，而且海王星的能量也是虛幻沒力量的，所以現實中要在一起的機會會降低許多。經過 10 年、20 年後仍會想念那個人，但過去見面的機會很低。

對於海王星最好要避免常常見到，因為海王星要羅曼蒂克的感情，可是關係裡的真實生活中，那些冥王星、土星的不愉快事件是擋不住的。海王星傾向於霧裡看花，天天見面在一起都會覺得很累。

海王星的靈魂找上金星。金星會受到吸引。起初會增加羅曼蒂克的幻想而削弱肉體的性慾。但是現實中是有部份進不去的，使得關係存在一種不真實感。適合浪漫的情人關係。關係中金星喜愛金錢，也很愛海王星，但不了解海王星人。

男金女海：引起男方內在溫柔的浮現，而對生命藝術的浪漫嚮往。

女金男海：男方讓女金星更想變成更女性化、成為更溫柔的女人。男海王像鏡子，金星透過男海王看到自己美麗的自影，攬鏡自照。

・海王星與金星形成掙扎矛盾星座：

♀金星 12 星座	♆海王星在 12 星座	
牡羊 ♈	巨蟹 ♋	魔羯 ♑
金牛 ♉	獅子 ♌	寶瓶 ♒
雙子 ♊	處女 ♍	雙魚 ♓
巨蟹 ♋	牡羊 ♈	天秤 ♎
獅子 ♌	金牛 ♉	天蠍 ♏
處女 ♍	雙子 ♊	射手 ♐
天秤 ♎	巨蟹 ♋	魔羯 ♑
天蠍 ♏	獅子 ♌	寶瓶 ♒
射手 ♐	處女 ♍	雙魚 ♓
魔羯 ♑	牡羊 ♈	天秤 ♎
寶瓶 ♒	金牛 ♉	天蠍 ♏
雙魚 ♓	雙子 ♊	射手 ♐

金星受到海王的吸引，海王星發出混亂的信息後，海王反而會躲避（白話一點叫放電）。如果海王星願意的話，是可以在一起。但是當在一起後，金星會失望。所以當沒有變成真的關係時，彼此的吸引力會很久很大。容易有很長的地下關係，通常是海王星這方已經有對象了（暗戀或已經有婚姻）。

海王星與金星若會真的在一起，通常是海王星這方同時有冥王星、土星的相位。但在一起後，海王星仍然可能有外遇。

金星感覺海王星不容易了解、抓不住、猜不透。而海王感覺金星不那麼敏感、不了解他（海王星抱怨時，其實是因為海王星佈下許多的迷霧、但不是惡意的欺騙。不適合面對彼此。

男金女海：男方感覺到自己內在的柔軟，變得迷惘。感到自己沒有力量、軟弱、失常、懶惰、不理性的人。會削弱男生能量，有些男金會逃避這關係。

女金男海：女金星會希望付出情感，但是海王會逃避，以致情感付諸流水。

通常海王星這方知道金星對其是有意思的；但金星不知道海王星是否對其也有意思。這使得許多金星感到痛苦。想去分析捕捉他們過去之間的蛛絲馬跡，試圖找到一些自我安慰的答案。

・彼此的海王星與金星形成和諧星座：

♀金星 12 星座	♆海王星在 12 星座	
牡羊 ♈	獅子 ♌	射手 ♐
金牛 ♉	處女 ♍	魔羯 ♑
雙子 ♊	天秤 ♎	寶瓶 ♒
巨蟹 ♋	天蠍 ♏	雙魚 ♓
獅子 ♌	牡羊 ♈	射手 ♐
處女 ♍	金牛 ♉	魔羯 ♑
天秤 ♎	雙子 ♊	寶瓶 ♒
天蠍 ♏	巨蟹 ♋	雙魚 ♓
射手 ♐	牡羊 ♈	獅子 ♌
魔羯 ♑	金牛 ♉	處女 ♍
寶瓶 ♒	雙子 ♊	天秤 ♎
雙魚 ♓	巨蟹 ♋	天蠍 ♏

海王星會喚起金星的漣漪，之間有一種不是天雷地火的情感。海王星以無意識、催眠的方式，碰到金星時有羅曼蒂克的感覺，像藝術、文學詩、音樂…即使不在一起，那些美好、傷感的感覺仍存在。

海王星是很大很大的情緒，愉悅的。金星很喜歡與海王星在一起，把海王當成繆思。

海王星的語言可以激發金星內在的溫柔、複雜與感性。

・彼此的海王星與金星形成互補星座：

♀金星 12 星座	♆海王星在以下星座
牡羊 ♈	天秤 ♎
金牛 ♉	天蠍 ♏
雙子 ♊	射手 ♐
巨蟹 ♋	魔羯 ♑
獅子 ♌	寶瓶 ♒
處女 ♍	雙魚 ♓
天秤 ♎	牡羊 ♈
天蠍 ♏	金牛 ♉
射手 ♐	雙子 ♊
魔羯 ♑	巨蟹 ♋
寶瓶 ♒	獅子 ♌
雙魚 ♓	處女 ♍

要特別留意這個互補對立的力量。它會大到雙方都能察覺到。這個翹翹板的相位，海王星仍然會想逃，但是金星是有能力拋開現實的一切去追趕，是情感上重要的吸引力。但不會產生有利的關係。

金星希望接觸海王星，會藉口想跟海王星一起做事，而與海王星產生深度的關係。簡單說是有點醉翁之意不在酒。金星會試探性地向海王星表達，但是海王星會保持若即若離。海王星若是願意，是可以在一起，但是海王星會很難接受這關係。

男金女海：女海王主導關係，有影響力。金星男很受女海王的吸引，但常常感到海王在逃避他。

女金男海：女金星很受男海王的吸引，女方會變得自欺欺人，而陷入軟弱的狀態。

【天王星與金星的四個主相位中，以對立互補的 180 度，最容易分手。】

【海王星與金星的四個主相位中，以對立互補的力量最大，因為夠遠，最不容易消失，也最難結束。】

對方的天王星與海王星入你以下的宮位：

【4宮】

天王星

天王星這方會為4宮方帶來不尋常的家庭生活。是不傳統的夫妻關係，天王星能量是疏離的，會常常出門去。不會強調責任感。不常在家或一夫一妻的家庭生活，或者即使在家的時候也常常像是不在。

海王星

海王落入4宮是很重要的前世家人。若是海王星這方的星圖自己有剋相，容易造成4宮的家庭生活不安。若海王是是外遇的小三，那會騷擾到4宮的生活。不會分手，4宮很難脫離海王星，會有長期的不安、精神衰弱或長期疾病。反之，當海王這方的本命星圖相位好，則會提昇4宮的內在心靈，充滿美好的家居生活。

【5宮】

天王星

他人的天王星入你的5宮，會莫名其妙的產生戀愛。你們認識的場合有時很怪、對象也怪。會有雜交的情況發生，通常都是天王星入5宮產生意外性的關係。短暫的愛戀關係，本質上不是情人，天王星是博愛、無拘束性的開放關係。

別人天王星入你的5宮，不要天真地要談戀愛，這是無法成為正常情人，因為天王星是大眾情人，無法被拘束的。5宮方會沒安全感。天王星帶來的刺激、挑逗著5宮。而天王星對5的興趣，不純碎是為了發生『性』關係，必定是意外地擦槍走火。關係的束縛性弱，也無法以性來束縛天王星。最終分手的會是天王星。

海王星

深深的幻想、情感的虛無投入，海王星容易有複雜、多角關係。維持較久。海王星方一定另有長久的祕密戀情，至於5宮這方有沒有，則都有可能。海王入5宮的人際關係為的就是戀愛，至於祕密則是不得已，因為是無法曝光的理由。海王星方對5宮有迷戀與幻想；5宮這方也會。

【8宮】

任何人闖進別人問題重重的8宮，或自己的8宮問題重重的人，都會很麻煩的。8宮本身有能力選擇，當自身覺得逃不了時，有時是與貪念有關。所以對8宮的淨化，掌握度很重要，因為8宮的命運是比較麻煩的。

8宮是共性，我們的性未必是我們的。會連結到集體的性意識。

天王星

天王星看到對方8宮散出的宇宙訊息、隱形的力量。天王星像偵測雷達，能看出8宮的能力。8宮的 sex 不等於5宮的 sex。天王星方感覺與對方有 sex 的連結，像是與宇宙的原生能量連結。

若說入1宮是對外表感興趣，入5宮是成為他的玩伴，那麼入8宮是藉由 sex 來產生與靈魂的連結。但如此一來會傷害8宮，因為8宮的靈魂是不想讓人騷擾的。8宮容易喚起天王星可藉它回到原生能量。會突然的發生 sex 行為，雙方都感到莫名其妙。當下天王星就是想要，會以雷達方式勾引，8宮會受天王的刺激。

海王星

海王星適宜精神的發展，不宜物質財富。海王星對8宮會有不實際的幻想，若讓糊塗的海王星處理共同財務，結果會很糟。8宮方是提供物質、精神；海王星方則是提供靈性，彼此之間不要做物質活動，比如開公司、投資。

五．【行運Transit】帶來的緣份

行運有一個很重要的概念，就是一份關係的本質，在剛開始交往時，就已經註定了。

桃花春風期：愛情來了

接下來大家可以查閱下列天文曆行星表中，有沒有行星（♃ ♄ ♅ ♆ ♇）進入5宮戀愛宮。

	♃ 木星		♄ 土星		♅ 天王		♆ 海王		♇ 冥王	
2021 (110 年)	1/1- 5/13 5/14～7/28 7/29-12/29 12/30-12/31	♒ ♓ ♒ ♓	1/1-12/31	♒	1/1-12/31	♉	1/1-12/31	♓	1/1-12/31	♑
2022 (111 年)	1/1-5/10 5/11-10/28 10/29-12/20 12/21-12/31	♓ ♈ ♓ ♈	1/1-12/31	♒	1/1-12/31	♉	1/1-12/31	♓	1/1-12/31	♑
2023 (112 年)	1/1-5/16 5/17-12/31	♈ ♉	1/1-3/7 3/8-12/31	♒ ♓	1/1-12/31	♉	1/1-12/31	♓	1/1-3/23 3/24-6/11 6/12-12/31	♑ ♒ ♑
2024 (113 年)	1/1-5/25 5/26-12/31	♉ ♊	1/1-12/31	♓	1/1-12/31	♉	1/1-12/31	♓	1/1-1/21 1/22-9/1 9/2-11/19 11/20-12/31	♑ ♒ ♑ ♒
2025 (114 年)	1/1-6/9 6/10-12/31	♊ ♋	1/1-5/25 5/26-9/1 9/2-12/31	♓ ♈ ♓	1/1-7/7 7/8-11/8 11/9-12/31	♉ ♊ ♉	1/1-3/30 3/31-10/22 10/23-12/31	♓ ♈ ♓	1/1-12/31	♒
2026 (115 年)	1/1-6/30 7/1-12/31	♋ ♌	1/1-2/14 2/15-12/31	♓ ♈	1/1-4/26 4/27-12/31	♉ ♊	1/1-4/26 4/27-12/31	♉ ♊	1/1-12/31	♒
2027 (116 年)	1/1-7/26 7/27-12/31	♌ ♍	1/1-12/31	♈	1/1-12/31	♊	1/1-12/31	♈	1/1-12/31	♒

♃木星有桃花緣進來了！愉悅的！恭喜你（妳）！

♄土星這個時期的愛情，有一份成熟的品質。也許會與年紀大的人在一起，或者對象年紀不大，但卻早熟。總之，會為了配合對方的老成，而去談一段成熟、務實的情感，也會很認真看待眼前這段感情。戀愛過程有困難、並不輕鬆、宿命的、莫可奈何、帶有業力的前世關係。

♅天王星會跟比你年輕很多的人在一起或者跳開世俗條件的對象，令人難以接受或奇特的愛情觀，重過程不重結果，和土星相反，也許是一段不符倫常的情感。本質上是不易持久的關係、遊戲性質的、不是為了結婚為前提而來的。平時越壓抑的人，這個時期帶來的騷動會越感到不安。天王星帶來的是火山、海嘯與地震

♆海王星因有羅曼蒂克的愛的需要，而導致自己無意識地開放感知力，這個時期你（妳）會特別敏感，而容易感應到環境周遭的電力。有情感上的迷惑，你容易認為是別人對你有曖昧的意思，實則你也同時在無意識中允諾自己對情感的需要。

未必要有實質的 sex 關係或交往。有精神上的迷戀或曖昧。

♇冥王星 這是一段你（妳）期待已久的感情，得來不易。你將會非常看重對方，而且你（妳）將在這段關係裡，經歷死亡與重生，可想而知這段時期來的感情將帶給你（妳）多大的改變與影響！

關係危險期：黑潮

接下來大家可以查閱下列天文曆行星表中，有沒有行星（♃♄♅♆♇）進入5宮戀愛宮、7宮婚姻宮。

	♃木星		♄土星		♅天王		♆海王		♇冥王	
2021 (110 年)	1/1- 5/13 5/14～7/28 7/29-12/29 12/30-12/31	♒ ♓ ♒ ♓	1/1-12/31	♒	1/1-12/31	♉	1/1-12/31	♓	1/1-12/31	♑
2022 (111 年)	1/1-5/10 5/11-10/28 10/29-12/20 12/21-12/31	♓ ♈ ♓ ♈	1/1-12/31	♒	1/1-12/31	♉	1/1-12/31	♓	1/1-12/31	♑
2023 (112 年)	1/1-5/16 5/17-12/31	♈ ♉	1/1-3/7 3/8-12/31	♒ ♓	1/1-12/31	♉	1/1-12/31	♓	1/1-3/23 3/24-6/11 6/12-12/31	♑ ♒ ♑
2024 (113 年)	1/1-5/25 5/26-12/31	♉ ♊	1/1-12/31	♓	1/1-12/31	♉	1/1-12/31	♓	1/1-1/21 1/22-9/1 9/2-11/19 11/20-12/31	♑ ♒ ♑ ♒
2025 (114 年)	1/1-6/9 6/10-12/31	♊ ♋	1/1-5/25 5/26-9/1 9/2-12/31	♓ ♈ ♓	1/1-7/7 7/8-11/8 11/9-12/31	♉ ♊ ♉	1/1-3/30 3/31-10/22 10/23-12/31	♓ ♈ ♓	1/1-12/31	♒
2026 (115 年)	1/1-6/30 7/1-12/31	♋ ♌	1/1-2/14 2/15-12/31	♓ ♈	1/1-4/24 4/25-12/31	♉ ♊	1/1-4/26 4/27-12/31	♉ ♊	1/1-12/31	♒
2027 (116 年)	1/1-7/26 7/27-12/31	♌ ♍	1/1-12/31	♈	1/1-12/31	♊	1/1-12/31	♈	1/1-12/31	♒

♄土星 土星是危險期，即使在關係中不快樂，也不會想分手，但會有關係的低潮朝。
土星要在這裡面待2年半。

♅天王星 你（妳）們的關係受到嚴重考驗。因為天王星帶來的是海嘯與地震。最容易分離的時期，一進來就是7年。這個時期千萬不可把「分手」、「離婚」掛在嘴上，除非你真的準備好要離婚了，很容易爆發衝突。

♆海王星 容易有外遇或欺騙的事情產生，或者配偶帶給你（妳）困擾，也許是精神、情緒上的不穩定或者是身體的疾病，抑或你感覺到對方無法專注於你（妳）們的關係，對方心不在你身上。海王的愛註定必須要在這個時期為對方犧牲或受苦。

♇冥王星 這個時期你（妳）將會感覺到彼此的關係更深入、緊密。你們變成「we」。都想佔有、控制彼此，充滿了忌妒、憤怒、衝突，都想爭關係中的主控權，必有金錢、性、權力⋯控制著你（妳）們，彼此都不想放手。對方想控制財務，都有強烈的欲望執著，緊緊地綁著、纏著你們。

想婚（昏）期：紅鸞星動

接下來大家可以查閱下列天文曆行星表中，有沒有行星（♃♄♅♆♇）進入7宮婚姻宮。

	♃木星		♄土星		♅天王		♆海王		♇冥王	
2021 (110年)	1/1-5/13 5/14～7/28 7/29-12/29 12/30-12/31	♒ ♓ ♒ ♓	1/1-12/31	♒	1/1-12/31	♉	1/1-12/31	♓	1/1-12/31	♑
2022 (111年)	1/1-5/10 5/11-10/28 10/29-12/20 12/21-12/31	♓ ♈ ♓ ♈	1/1-12/31	♒	1/1-12/31	♉	1/1-12/31	♓	1/1-12/31	♑
2023 (112年)	1/1-5/16 5/17-12/31	♈ ♉	1/1-3/7 3/8-12/31	♒ ♓	1/1-12/31	♉	1/1-12/31	♓	1/1-3/23 3/24-6/11 6/12-12/31	♑ ♒ ♑
2024 (113年)	1/1-5/25 5/26-12/31	♉ ♊	1/1-12/31	♓	1/1-12/31	♉	1/1-12/31	♓	1/1-1/21 1/22-9/1 9/2-11/19 11/20-12/31	♑ ♒ ♑ ♒
2025 (114年)	1/1-6/9 6/10-12/31	♊ ♋	1/1-5/25 5/26-9/1 9/2-12/31	♓ ♈ ♓	1/1-7/7 7/8-11/8 11/9-12/31	♉ ♊ ♉	1/1-3/30 3/31-10/22 10/23-12/31	♓ ♈ ♓	1/1-12/31	♒
2026 (115年)	1/1-6/30 7/1-12/31	♋ ♌	1/1-2/14 2/15-12/31	♓ ♈	1/1-4/24 4/25-12/31	♉ ♊	1/1-4/26 4/27-12/31	♉ ♊	1/1-12/31	♒
2027 (116年)	1/1-7/26 7/27-12/31	♌ ♍	1/1-12/31	♈	1/1-12/31	♊	1/1-12/31	♈	1/1-12/31	♒

♃木星這個時期利於結婚。已經有對象的人，這一年你（妳）會考慮結婚的事，會想定下來。

單身的人，在木星入婚姻宮（7宮）的這一年裡，結識交往的對象，也會優先想到結婚，而不只是戀愛。總之，有伴侶的緣份，但未必能結成婚，不過你的確會在當下感到對方是可以當伴侶而不是玩伴。

♄土星這個時期的緣份，必有務實性的考量，安全感以及世俗傳統觀涉入你的婚姻觀想法。所以，♄土星帶來的緣份，會有社會地位、避風港、長期飯票……。

一種放不掉，桎梏的力量。你會很看重對方，且把對方當成關係中的權威在服從。在這二年半中，你會感到痛不欲生，因為你把對方當成權威時，將使你在平等的關係中，過度地退縮，而感到自我被強烈地拑制、受壓迫，而有窒息感。

♅天王星容易突然結婚，但也要留意會突然離婚或分手。因為♅天王星一向要很大的自由到很嚴重的程度，但婚姻本質是♄土星的結構，紮實、沈重、要負起責任的。

♅天王星走一個星座要花上7年。

♆海王星 這個時期你會想要落實一段關係，但也會因為關係落實後，而感到深深的失望。因為現實生活的真相，讓原本想要尋找一份理想、完美的婚姻 soulmate，產生很大的挫折感。♆海王星一向是透過幻滅、失望，而去學習調整這種不務實的期待。♆海王星走一個星座平均要15年。

♇冥王星 你會強烈地想落實一份關係，這段婚姻將帶給你生命最大的改變。在冥王待在婚姻宮的20年中，意謂著你的靈魂所選擇的重生，是要進入婚姻道場學習人性中最真實的貪瞋癡慢疑的轉化功課。這不可不謂重要。

懷孕、避孕期：都是月亮惹的禍！

接下來大家可以查閱下列天文曆行星表中，有沒有行星（♃♄♅♆♇）進入5宮子女宮。

	♃ 木星		♄ 土星		♅ 天王		♆ 海王		♇ 冥王	
2021 (110 年)	1/1- 5/13 5/14～7/28 7/29-12/29 12/30-12/31	♒ ♓ ♒ ♓	1/1-12/31	♒	1/1-12/31	♉	1/1-12/31	♓	1/1-12/31	♑
2022 (111 年)	1/1-5/10 5/11-10/28 10/29-12/20 12/21-12/31	♓ ♈ ♓ ♈	1/1-12/31	♒	1/1-12/31	♉	1/1-12/31	♓	1/1-12/31	♑
2023 (112 年)	1/1-5/16 5/17-12/31	♈ ♉	1/1-3/7 3/8-12/31	♒ ♓	1/1-12/31	♉	1/1-12/31	♓	1/1-3/23 3/24-6/11 6/12-12/31	♑ ♒ ♑
2024 (113 年)	1/1-5/25 5/26-12/31	♉ ♊	1/1-12/31	♓	1/1-12/31	♉	1/1-12/31	♓	1/1-1/21 1/22-9/1 9/2-11/19 11/20-12/31	♑ ♒ ♑ ♒
2025 (114 年)	1/1-6/9 6/10-12/31	♊ ♋	1/1-5/25 5/26-9/1 9/2-12/31	♓ ♈ ♓	1/1-7/7 7/8-11/8 11/9-12/31	♉ ♊ ♉	1/1-3/30 3/31-10/22 10/23-12/31	♓ ♈ ♓	1/1-12/31	♒
2026 (115 年)	1/1-6/30 7/1-12/31	♋ ♌	1/1-2/14 2/15-12/31	♓ ♈	1/1-4/24 4/25-12/31	♉ ♊	1/1-4/26 4/27-12/31	♉ ♊	1/1-12/31	♒
2027 (116 年)	1/1-7/26 7/27-12/31	♌ ♍	1/1-12/31	♈	1/1-12/31	♊	1/1-12/31	♈	1/1-12/31	♒

☽月亮　每個月有2天半☽月亮會進入5宮，此時期很容易受孕。要留意。

♂火星　容易有性衝動，此時有發情的能量。容易受孕。要小心避孕。

♃木星　♃木星是歲星、流年星，進入5宮時，有得子緣份。要留意受孕與避孕。

♄土星　此時期不易受孕。但當事人又很執著，會不斷想辦法要懷孕，做試管、人工受孕…等嘗試。整個意識與主軸都在這兒！

♅天王星　（未婚者）：會意外懷孕，但不會留下孩子，會選擇墮胎。這個過程對當事人而言，不會有創傷，有「不執著」的意識。

（已婚者）：也要留意意外懷孕，然後又意外流產的可能。

♆海王星　想要愛，有些人會有婚外情產生，但要小心私生子的到來。無法拋頭露面，認祖歸宗。

（未婚者）：要留意會在沒有避孕的情形下，不知不覺地懷孕。

（已婚者）：對孩子有期待，但不易懷孕。

♇冥王星　易受孕。若你是已婚的人，想必是有好長的一段時間無法得到。冥王星意謂得來不易、期待且看重的。這個時期報到的孩子，容易跟你形成宿緣關係。要留意嚴重的冥王星剋相，而有喪子之事發生。

● 補充說明：

1. 如果你和愛人的星圖裡有相位，那麼這個相位力量就會崁住你們的關係，即使將來分手了，但是一生的感覺仍然會持續存在的。
2. （本命）本命相位的關係，會永遠崁在那兒。
（行運）行運產生的緣份，會在這個時候吸進一個人來符合那個能量。如果你們本命沒有互相崁住，那麼在行運過後，就會忘記這個人，而且以後也不會有感覺了。行運造成的戀愛與傷害比較容易遺忘。
3. 行運過後所有發展的關係，也將隨之消退，除非你們之間本命星圖中有很重要的相位互相扣住，那麼行運過後你們的關係才有可能持續下去。

六．☋南交點、☊北交點（Node）

重要的靈魂學習

南北交點是一組在星圖中永遠呈現在180度的對面宮位內。注意一下，北交點的符號是開口向下看起來像頭戴式的耳機。

【1宮-7宮】【2宮-8宮】【3宮-9宮】【4宮-10宮】【5宮-11宮】【6宮-12宮】共6組12個可能組合。

【牡羊-天秤】【金牛-天蠍】【雙子-射手】【巨蟹-魔羯】【獅子-寶瓶】【處女-雙魚】共6組12個可能組合。

由於本書專注在親密關係，所以在此只就牽涉到的「南、北交點」以及下一章的「凱龍星」寫出來。將來若有機緣，再獨立來專寫它們。

靈魂在輪迴進化中的可能性

「☋南交點、☊北交點」洩露了我們輪迴的密碼，和靈魂的記憶有關。☋南交點是過去累世性格過度發展的印記，可以說是一種習性，所以每當我們遇到☋南交點的朋友、家人時，都有一種相似個性的感覺，因為在對方身上的個性，我們很熟悉，因為那正是我們自己。

「☋南交點、☊北交點」代表靈魂投胎到這一生，重要的靈魂約定與記憶。「☋南交點、☊北交點」，因為過去世某些性格過度發展，於是有些事務被貶抑、壓制或犧牲掉了，所以當靈魂在投胎時，就特別想要把那些還出。星圖裡的☊北交點，正提供了我們一個輪迴進化的可能性，所以，**「☋南交點、☊北交點」對靈性發展是很重要的，與靈魂的覺醒有關，是最重要的記號。**

當我們年輕時，碰到☋南交點的朋友時，我們很難掙脫得掉，而且和他（她）們在一起時，特別容易突顯缺點。但是人生總有很多感情是無法抗拒或中途離席的。

比如：（男生）☋南交點在魔羯座，娶了☽月亮魔羯座的太太。首先，☽月亮魔羯的太太會先明顯感受到，自然表現了魔羯座的特質，而☋南交點的先生，會因☽月亮魔羯太太的冷漠而被牽動出☋南交點魔羯座的特質。也就是說：因☽月亮魔羯太太的關係，而容易突顯出魔羯座的冷峻，但是，即使我們知道和對方在一起，容易突顯缺點與衝突，但卻很難掙脫。

所以，回頭想想，早年的我們身邊是否一堆☋南交的朋友、和☋南交的人結婚、生☋南交的孩子。☋南交點正是我們的債！

很有意思的一件事，我就有二個學生，其中一位是☋南交在獅子座，結果生了二個☉太陽獅子座女兒。另外一位☋南交在天秤，結果也是二個女兒都是☉太陽天秤座。

南交點、北交點意義

☋南交點是過去的karma（業），是靈魂累世的總體記憶、行為意識、習慣的、熟悉的。

人難勉會帶著過去的習性來到這一世，而且潛意識裡當我們在環境裡看到☋南交的人，我們特別覺得和得來、個性很像、價值觀很近。

☋南交是過去世過度發展的能量，行為模式的慣性。☊北交是過去世特別缺乏、不夠的東西，是靈魂投胎時的約定，是靈魂裡的渴望，為的是想平衡過去世行為中缺乏的。

比如☋南交魔羯座的人，在過去世是很成功的人士，已經擁有權位的人。所以，此生他們仍然很努力、且付出一輩子的時光歲月，盡心盡力在追求他事業舞台上的成就，所以這一生，成功對他（她）們而言是非常容易的事。然而，過去世他們同樣曾經為了追求成功權位，而拋妻棄子、對家庭的照顧完全忽略了，有時候更是因為責任在身，必須長年為了工作在外，故「家」對其而言，是他（她）們在成功光環底下付出的代價，因為在追求成功的同時，他也失去了家庭原來可以適時提供溫暖的慰藉與避風港，他（她）們一生都有情感的障礙。

所以，這一生必須去發展☊北交巨蟹座的溫暖，還有人類本能的流露情感、情緒、撫慰的這一面。

當然，「☋南交點、☊北交點」的深入會在專題中去探討，然而在本書中，我特別要把和情感、婚姻有關的部份，取出來讓讀者自我對話一番。

☋南交5宮、☊北交11宮：躍上人類更大的舞台！

你（妳）有過於看重自己的傾向，所以一定會在戀愛情感關係中有困難。每當面臨分手時特別會想不開，覺得很受傷害，也由於只看重自己，會和對方翻臉交惡。你（妳）們還有一種情形，就是你（妳）們無法控制自己對親密關係的拿捏，會分不清是朋友的友誼？還是愛情？總是很容易把原本應該更適合當朋友的人，變成曖昧不明的關係，卻又很執著、很難爬出關係。

由於你（妳）太需要別人不斷地注意和欣賞你（妳），簡直到上癮的地步，內心強烈地需要愛，所以你會不斷要別人來愛你（妳）。因為如此強烈，故當對方需要點自由，稍將注意力自你身上移開時，你（妳）將會和對方有強烈的衝突，以致到後來連朋友也當不成。

所以這一生，你應該學習朋友就是朋友，而不是將對方拉進你（妳）個人愛的需要裡。你需要的是大愛，不是個人的愛，否則你將不斷地在感情中繼續挫敗，直到開始學習☊北交，你（妳）才能滿足靈魂真正的渴求，因為☊北交是靈魂此生的約定。

故☊北交11宮的人要記得，戀愛時，不要太像戀人，也就是說不要成天只知道黏著對方，索求對方對你表達那份寵愛，但是你對愛的渴求又那麼大、那麼強烈，別人是無法滿足你（妳）的。所以，最好進入更大的意識去發展各種大愛，對別人（愛人以外的）、動物…付出關心、友誼，而不是只去注意你（妳）自己要的個人之愛。

☋南交11宮、☊北交5宮：愛的曠世巨作！

你喜歡成天和朋友在一起，一堆人談共同的理念、願景、社會夢想。所以，你（妳）

會和情人保持疏離，其實你（妳）並不喜歡戀愛。就算你（妳）現在有在關係裡，基本上也不太認真就是了。有時愛人會抱怨，對你（妳）對他（她）們的冷落與不在乎。你（妳）也不在乎自己個人的愛的需要，整個意識是不在這兒的，而是放在朋友圈中，彷佛只要和朋友們偶偶聚聚，就能感到一種飽滿的能量，其實對你而言，並不需要特定一個男（女）朋友在身邊才能感到有愛。

你（妳）不喜歡親密，其實要知道此生朋友對你（妳）的個人成長是有阻礙的，甚至這麼說好了，你（妳）們只有透過不斷和男友或女友戀愛，才真正對你（妳）有幫助呢！

你（妳）們都有點冷，所以，最好透過不斷地戀愛、交朋友，並且恢復一種天真的品質，給出你（妳）們的熱情，此生你（妳）們的靈魂是要來完成個人的愛與表達的。

☋南交7宮、☊北交1宮：醜小鴨變天鵝！

此生你（妳）特別在乎伴侶，主要是要透過伴侶身上，看到自己過去世的弱點。這一生也是夫妻功課很重的，容易碰到在關係中讓你（妳）們挫折的配偶。

伴侶這一生是來討債的，透過7宮（夫妻宮）的關係，形成此生的挫折、考驗、挑戰，背後的靈性意義是要你（妳）們學習開始在乎、看重自己。不要依賴別人或伴侶。

這一生你（妳）們會非常看重、依賴伴侶，凡事都希望對方能陪你（妳）一起做所有的大小事，也希望在意見上對方能替你下決定，替你（妳）做主，其實你（妳）的能力非常好，對於事情的想法做法都早有腹案了，但是你（妳）仍然會在形式上詢問伴侶，這代表整個事情上，你（妳）們和伴侶是在一起的，不是孤伶伶的，會覺得至少最後是伴侶決定的。

但你（妳）是怎麼受挫的呢？有時候你（妳）問對方意見時，伴侶會回應「你（妳）自己決定就好了！」或者你（妳）感覺對方對你（妳）的這些事情並沒有興趣。由於常常要對方陪你（妳）一起做某些事情時，但伴侶沒有意願或者對這些事沒興趣。這一生就是要透過這樣的伴侶，才會讓你學習到獨立、自己做主的人生功課。

你（妳）人生的主題，就是：自己的弱點，要透過你（妳）所看重的人來放大。以前是「伴侶好」等於「我好」，此生都有無法看重自我、不夠自信的情況存在，都習慣將重要的事交給伴侶來替你（妳）處理。

這一生要學習☊北交的功課，建立自己的自信，不可以將全部重要的事交給別人，要學習獨立。內心的依賴，總是在傷了心之後，要被迫學習獨立。不過，很有意思的是，當你（妳）開始學習發展☊北交之後，會越來越漂亮，越有自信。如同醜小鴨變天鵝！

☋南交1宮、☊北交7宮：那人就在燈火闌珊處！

若是☋南交在7宮，那麼此生伴侶將帶來很大的問題。而☊北交在7宮，這個位子很重要，對你（妳）而言，是很重要的輪迴，真是太好了，伴侶是來幫你（妳）的，是你（妳）的貴人，但始終你（妳）都未必覺得對方是好人，因為你（妳）是個獨立、能幹、又自我的人，所以有時候還會覺得伴侶根本就是在跟你（妳）做對。你（妳）會自己給自己麻煩，不太聽另一半的話或建議。但我想告訴你（妳）：真的要聽伴侶的話。

你過度在乎自我獨立了。每當和伴侶在一起時，總會感到自己的自主性受到壓抑，得去配合對方。其實是你（妳）有點自我中心，強烈的個人主義，不太會也不習慣付出，很難與人和諧相處。然而，此生你（妳）就是會碰到對你（妳）有幫助的伴侶。挫折、困頓了一生的關係，最後才會看到原來：那人就在燈火闌珊處！

一生主要的是自己與伴侶的問題。由於一向習慣自己很重要、很棒的角色，所以只要一起出門時，若別人對你（妳）們的伴侶讚賞時，你（妳）內在會有不平衡感，而且你（妳）們並不真的想要以對方為重。

你（妳）總是感覺受到委曲，不喜歡別人稱你（妳）為「XX先生（太太）…」，因為別人會以為你（妳）們的成就，都是伴侶給的。註定這一生你（妳）是要來修夫妻這個功課的，要去還伴侶的業。所以，只要一點點對方不以你（妳）為重，一點點都不行哦！你（妳）就會受不了了。此生只有開始學習合作、配合、分享，否則永遠不會快樂。

七．⚷凱龍星 Chiron（師父）

生命創傷的功課、智慧的鑰匙

⚷凱龍星的意義

星圖中不只揭露個人的奧祕，同時也隱藏宇宙的奧祕。⚷凱龍星也是一顆帶有靈魂印記的星，意義很幽微的。在此生的生命旅程裡，⚷凱龍星帶來靈魂淨化的意義，同時提供自我治療很好的一個方向。

⚷凱龍星是過去世靈魂的傷痛，必會被延續下來，所以這一生會再度帶來很大的傷害與傷痛，沒有人可以逃避得了⚷凱龍星的存在提醒，因為它會不斷地出現，直到傷痛被完形療癒。因為當我們此生再次經驗事件及內在的創傷時，由於肉體感到的痛苦，可以幫助靈魂喚起記憶，我們會因痛苦想要離苦得樂，而願意去面對治療。

⚷凱龍星所在的位子意謂著靈魂的創傷，此生必須透過幫助別人，我們靈魂的傷痛才可能被洗滌與淨化。

而且當我們修煉過⚷凱龍星，並療癒了這些創傷之後，有機會成為這方面的達人專家，進而變成能治療他人的「師父」唷！

● ⚷凱龍星在5宮：自戀的修煉

⚷凱龍星在5宮，意謂著你（妳）的創傷會來自情感或者子女。你（妳）會沈迷於情感上的投機與冒險，因為需要強大的個人愛，所以，很執著於愛情，若不是因為不成熟，想要冒點險，而成為花花公子或者花花公主，再不就是容易遇到這樣的戀人。

一生在愛情裡，容易遇到很大的生死痛苦掙扎，須要以自己的意志去克服，必須保有自我才能與之對抗，擁有強烈的自我意志是關鍵。

⚷凱龍星在7宮：愛的煉金術士

⚷凱龍星在7宮，意謂此生會有來自婚姻關係的創傷要療癒。可能會遇到一位也許在身體或者精神上受害的伴侶或者你（妳）會因對方帶來的問題而再度經歷創傷。

你（妳）此生的伴侶是有意義的，因為她（他）會帶來生命的危機，但同時也提供了治療的機會來幫助你（妳）們彼此。最怕是陷入宿命的關係中，因為跟伴侶有強烈的親密需求，所以一生中會有很多的宿命機會。很難擺脫你（妳）的伴侶，因為她（他）們和你（妳）有特殊的緣份。靈魂這個創傷是要透過這些危機來學習淨化療癒的功課，所以你（妳）要學會堅強。

⚷凱龍星是靈魂中很重要的功課，若沒淨化療癒成功的話，痛會重複出現，有的是透過生病、危機、災難、死亡⋯。⚷凱龍星必須要先經過痛苦、傷痛、真實或象徵性的死亡，才能找到復活，進而修得跨入靈性覺悟的大門的鑰匙。

PISCES
AQUARIUS
Phœnix
Grus
TAURUS
Orion
Lepus
Hydra
Pavo
Apous Indica
Cameleon
Musca
Canis maior
GEMINI
Canicula
CANCER
Centaurus
SCORPIUS
LIBRA
Crater
Corvus
LEO
VIR GO

八．真命天子與天女：婚神⚵

親密關係的真相

月亮☽在乎的是「自己情緒」的滿足，不是對方的情緒。

金星♀、火星♂是我們的個人行星表徵。所以不論與他人產生何種關聯，都是我們自己對於自己喜歡以及會引起性衝動的反應。所以金星火星的反應是完全我們個人的愛與性。

金星♀是「自己喜歡或不喜歡」。與他人的關係，其實是喚起你自己愛自己的部份。

你透過愛別人，其實是在表達你自己愛自己的那部份。比如：

他人的金星合相你的太陽，他（金星）喜歡你，是因為他喜歡上某部份自己擁有的特質，所以真相是：那是他自戀的部份。當太陽金星互補的 180：他也喜歡你，是因為他喜歡與他很不同的那部份。

火星♂也是「自己慾望」的滿足。透過與別人的性交，其實是自己在體會自己身體中自己性慾的展現。所以火星的性，雖然與人上床是展現一種關係，但是在這關係中，性的滿足，其實是來自你自己身體對自己性慾的滿足。也就是：你與自己的性。

內行星（太陽、月亮、水星、金星、火星）都是自我本位 Ego 的了解。

一宮－七宮－八宮

一宮

代表「我」。個體的自覺，我在這個世界上的存在，與別人是不同的。我與星圖中其他宮位的演化，是靈魂演化的旅程，宇宙印記在星圖中的訊息。

七宮

完成個人從個體的演化過程後（從1～6宮），第一次強烈意識到他人的存在，而同時不會忘了自己（1～6宮）的存在。意謂著「我與他人」。就算性，也是「我的性和你的性」、「我的錢和你的錢」、「我的家人和你的家人」⋯。是屬於心智上的連結，還不到情緒體的連結。

七宮的意義上是尋求與他人的連結。可以看出我們

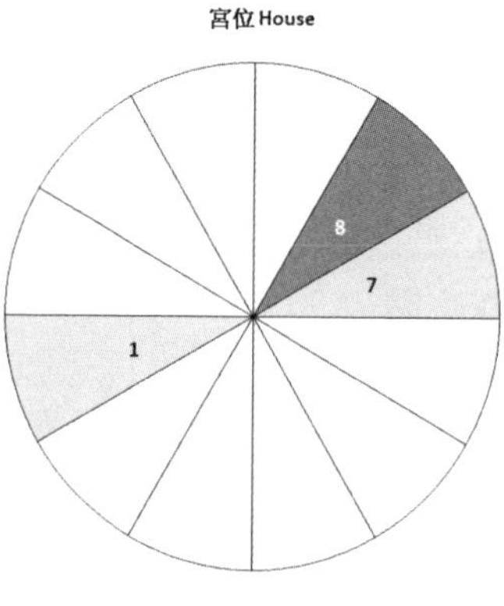

在人際關係中的整體態度，是一對一的關係，是思想上不是情緒上的連結。七宮是Partnership，重要的合夥人、合作關係都是，所以不是單純只指婚姻關係。七宮並沒有涉及到性，所以若把婚姻中的「性」拿開，那麼婚姻關係中的夫妻與事業上重要合夥人、合作夥伴就相當類似了，這是七宮裡的定義。是心智上的。

七宮是伙伴宮、同居宮，不太能完全符合真實婚姻的狀態。其一對一的公平，更像商業伙伴裡的權利義務，其中公平原則很重要。（所以在婚姻中，你不會房租房貸、水電費、餐費…衣食住行樣樣都要除以2，平均分擔。所以這就是為什麼7宮是夥伴宮不是婚姻宮）。

八宮

與他人開始產生了情緒的結合，從「我I」到「我們We」。比較複雜，沒有平等、公平、正義、和諧、合作、道理…沒有理性可言的。代表某一方會有損失吃虧。八宮代表我們複雜的人際關係，裡面是人性的五毒（貪瞋痴慢疑）。

此時是，「我們的錢」、「我們的房子」、「我們的家人」…共有財產、繼承。這往往無法容許有第三者的介入，就像眼睛裡哪裡容得下一粒沙子呢！那可是不得了的事。（七宮還可以忍受，不會佔有。五宮是自己與自己的愛，也不是愛人）。八宮是建立與他人最親密連結的地方，是人類文明演化很重要的關鍵，是神性的墮落或曜升的試煉場。所以八宮與「性、權力、金錢」是最有關的。

八宮是婚姻幸福與否很重要的位置。八宮、婚神或天蠍在婚姻中所強調的「WE」、不能切割的，所以容易有麻煩，因為裡面沒有理性的準則可遵循，也許有人得吃點虧，或對不起你，或者像「你怎麼可以不去工作賺錢只靠我」，或是另一半到中年想把共同存下的錢拿去投資，但你不想承受風險……。這些情形才是更符合真實婚姻的情節。

婚神⚵的奧義

一夫一妻背後都有一個 Juno 的故事，只是沒有被訴說。

Juno 是最早母系社會裡負責女性生存的各個階段的女神。與木星的「一夫一妻」婚姻大約維持300多年，他們共享了天堂的力量，同時意謂著母系社會制度也跟著結束。一夫一妻制底層代表與繼承財產有關，因為只有這樣的制度才不會有問題。然而這也是人類所有問題的核心，因為人類本質上是雜交的，但是文明化的過程的一夫一妻會壓抑性慾（即使統計過的現代美國婚姻中，維持表面的一夫一妻關係，但真實裡這些人中只有30%有在婚姻裡忠貞）。

每個人都與Juno有關。「結婚、離婚」的主題與婚神⚵（Juno）有關。其連結的是恨、愛與性。

神話原型

神話中的Juno叫做Hera，原本是非常美麗、有很多追求對象的女神，是英雄角色的女性版。掌管死亡、再生、生殖。後來被她的弟弟宙斯木星強烈追求。在其寫給Hera的情書中，內容極盡充滿「性」的激情；最後宙斯還扮成咕咕鳥，被Hera放在胸前，於是她就被宙斯強暴了。所以Hera喻為有「**不可抗拒的誘惑**」，才會讓那風流成性的宙斯不惜代價想得到她。最後為了避免羞恥，宙斯答應娶她。

可是當他們結婚後，Hera 便收起她當女神時的光芒亮麗，信守著「**一夫一妻制**」的婚姻，「**守貞也守節**」。但是婚後的宙斯卻對 Hera 不再有興趣，並且不再與她上床。所以婚姻中的 Hera 有「**性的壓抑**」。

她的老公宙斯太風流了，常常不在家，在外到處有私生子，她簡直氣死了（意謂**嫉妒佔有慾**）。於是有一天她把宙斯綁在床上不准他出去（復仇）。當宙斯脫逃後，很生氣地，就用鐵鍊把她倒吊綁起來（意謂**虐待**）。

宙斯木星為什麼對 Hera 在婚後就沒有性了呢？神話原型點出了一個事實，『**婚姻不會扼殺愛情，但會扼殺性慾**』。

婚神⚵與天蠍

婚神⚵**在星圖中的意義是我們每個人潛意識中，感性上、命定上與婚姻選擇的對象最有關係的。婚神向我們展示：我們在親密關係中的需要，以及如何把它投射給我們的伴侶。**我們容易被哪種對象吸引，或是較容易結婚的真命天子（真命天女），是真正的婚姻緣，但不一定是你喜歡的。婚神⚵是指特別容易與那個星座產生「性、金錢」糾葛的。

金星火星上了床未必有糾葛，但 Juno 對象一定要經驗較複雜的內容。

在星圖中的意義：婚神⚵(Juno) 是女性的祕密，在一夫一妻制中，女性悲慘的命運。

婚神⚵(Juno) 是女性的原型，代表著女性的三個階段：

①未婚時是女神。女性的原型，最自在的階段；意謂女性在婚前有獨特的魅力。

②婚後「性」被剝奪。

③變成「寡婦」。這「寡婦」意指：

- 在象徵性上其一指「更年期」。因為荷爾蒙的減少。當少了雌激素後，比較不會嫉妒、會與女性真正做朋友、還有較不在乎先生的捻花惹草。因為自己不再有生育的能力了。所以，一般更年期後的女性，會開始找到平靜。
- 冷宮期。
- 在實際上是喪夫的寡婦。

除非有天王星相助，否則即使丈夫有外遇，她們是**不會離婚的**。所以星圖中的婚神可以幫助我們看到在親密關係中所承受的痛苦，即便如此，當事人仍堅守著這個婚姻也不願離婚的點。

會有**階段性的孤寂**（因為木星宙斯常常不在家而獨守空閨）。有時候因為太痛苦了，Juno會出走躲起來，然後等過一陣子後才又出現。

婚神⚵(Juno)是集體女性在進入親密關係中的命運原型。原本婚神的設計是為尋找靈魂伴侶而在的。所以天蠍、冥王星、八宮的人，若他們沒有結婚，會很喜歡深刻關係，但其實是找不到的，會有遺憾；可是若走入婚姻，他們的痛苦也會是因為來自在乎與執著，所以若當事人星圖中沒有射手、魔羯、寶瓶與雙魚時，其人生多半挺慘的。而天蠍是把這原型表現得最淋漓盡致的能量。

情感的三種邏輯：月亮☽——婚神⚵——海王星♆

月亮☽

「親情」有血緣的關係，相親相愛，可以分享，是最穩定的情感。家人間有大量的包容，但通常關係不會很深，因沒有利害所以糾葛不會太深。你想想是不是這樣：家人關係再親，但不會有那種衝突，有時可能我們連手足真正賺多少錢，其實我們並不會知道的。

星圖中的月亮可以幫助我們了解自己是否能與別人建立如家人關係般相親相愛的關係。

婚神

第二種感情邏輯是沒有血緣但有利害關係的。跟「婚姻」有關的情感。是有利害關係的，與特定的某人形成深度的連結。Juno 有很深的佔有性、很深的愛、不可以分享的。所以我們說真正的討債鬼其實不是孩子，因為他們認為父母在養他們。比如：當孩子向父母要錢時，就算是50、60歲，也不會去看父母的存摺。但夫妻間，會認為自己有權利知道對方有多少錢，會要看數字。

未婚單身的關係要看七宮內的狀況，但結婚了就要看 Juno。通常未婚同居的關係，這階段其實仍然無法經歷到婚姻的複雜，情婦再好，也不會去看男友的存摺。當知道另一半在外有交異性朋友時，那種感受是不同的。未婚的狀況，雖然有感受到被背叛，但這種背叛不是對彼此底層下的「結合」的傷害。但 Juno 的外遇是底層下那個「實質的結合」關係的被破壞。

所以我們一生中與別人最大的貪瞋癡疑慢的衝突是在婚姻 Juno。與人建立最深的關係是來自婚姻 Juno。所以婚姻是人間道場裡最大的焠煉，是用來挑戰人性的。因為若不透過婚姻，我們其實很難了解自己的本性。

星圖中的婚神可以幫助了解自己與別人在親密關係中如何去表現與他人深刻愛的方式。

所以月亮☽是家庭生活是否愉快的重要行星。當月亮很好但婚神不好時，也許他們離婚了，但仍然可以住在同一個屋簷下一起生活。而有些人婚姻關係雖然很穩定，但住在一起卻很痛苦。

婚神 Juno 是「We」。不是「一對一」、不是「我和你」，而是「**聯合結合**」。金星火星是「我與我自己」的關係。在關係中，理性上我們會想要一種理性完美的關係，但當比較複雜的情況出現時，理性有時候會變得沒有用。所以七宮（理性）、八宮（感性）讓我們知道，人類不是只靠心智在過活，那理性心智底下仍有很深的貪瞋癡疑慢的情緒，那情緒更能影響我們與他人之間深刻關係的狀態。

Juno 的修煉不成最終是人類神性的墮落。

婚神的感情是恨與愛。因為想要「我們兩人」有沒有可能形成所有的深度連結（包括：性、金錢、權力…）。婚神是做為一個個人，潛意識中想去了解宇宙其他法則（大愛、昇華…）而選擇的路。若只靠自己體會是無法了解的，因為我們不知道自己的底限是什麼。但透過婚神的連結，能引發出我們個性中最脆弱、潛意識中的貪瞋癡慢疑。

海王星♆

第三種感情邏輯是沒有血緣也沒有利害的情感。跟「人類」昇華有關的情感。與廣泛的陌生人的大愛關係。裡面沒有佔有性，可以分享的。比如：大流行病 Covid-19、颱風洪水、地震災害發生時…對受災地區國家的捐款。

你星圖中的海王星可以幫助你了解自己是否與別人能有大愛的關係。

情感的三種狀態：♀金星—☽月亮—⚵婚神

金星♀

本來世界的媾合只是天王星與大地之母蓋亞的事，但因天王星的陽具被土星閹割後丟到大海中。於是天王星的精子跑到了大海成為泡沫，而產生了愛神 Aphrodite，即金星。也就是說，天王精子若沒有跑到大海，人類就不會有媾合的衝動。

金星♀在神話中代表愛與媾合的基本衝動，所以金星的愛，是從不用對任何人負責的。神話中的所有天神都想與金星上床。而且金星是有丈夫的，所以她會背著先生偷情，這種衝動與媾合的欲望是金星的本質。

金星其實是陷阱，讓你有媾合的衝動，但需要火星♂的幫忙，不然只會想想而已。（火星也需要金星的幫忙，不然會有被強暴的感覺。）事實上，人類生殖不是以火星的性為主，而是來自金星媾合的欲望。

自己的金星火星，其實是與別人沒有關係的（雖然坊間的書大都強調金星）。金星是：當你喜歡一個人的時候，是你自己的喜歡，不關別人的事，是我們與引起自己喜歡的事物產生單方面的滿足。金星是：自己對愛情的感受，由於金星本質是土象，所以會看重擁有、喜歡「愛別人」的那個感受、那個感官享樂，讓我們得到滿足而想要擁有那個人。

然而金星在星圖中的確是很重要的。我們可以靠金星與別人的行星產生相位（比如對方的火星♂），來滿足自己金星的那部份。所以金星是本能滿足自己感官感受的需求，最能滿足自己情感的東西，所以有些人在有伴侶後，金星仍然是活躍的。（比如會迷戀偶象，但不一定要跟對方結婚）。

金星的追求會不會影響到婚姻，要看婚神的位子（星座、星宮、相位）。婚姻可不可以維持，要看婚神的相位。**所以合婚要合 Juno，不是合「金星、火星」。**

金星有性的感官樂趣，但與成為一個父親、母親是沒有關係的。金星只管與自己的欲望享樂有關。金星有敏感的感官性，會去找媾合的對象，也能得到性的樂趣，所以金星會不斷去延續那感宮的樂趣。一般人若金星強，但缺乏月亮，是不會想做媽媽或照顧小孩，而只會想要金星的愛，因為金星是以自己感官滿足為主。

當金星火星有好的相位時，容易找到自己喜歡的人在一起，對自己的需求很清楚。但缺點在當婚神相位不好時，就會很痛苦。

當另一半的金星與別人產生關係時（動心），跟我們一點關係都沒有，甚至我們不會感覺到，因為那是另一半的感受，不是我們的感受。但伴侶與別人有情感這件事會影響到夫妻間相處的模式與關係（但不是影響到感情）。特別是當我們是小心眼的人時，會想：

『這錢本來是我們兩個人的，現在他偷偷送別人禮物，請別人吃飯。』所擔心的全部都是跟情感本身無關，擔心的全部與「共有的東西」(生活、金錢、性、情感…)有關。我們覺得這些共有的被第三者分享而感到受到傷害。

但這個感受與現在伴侶金星外遇情感狀況，是完全沒有關係的。這就是為什麼金星火星完全屬於個人的。我們想想這一生到現在：

『我們的金星火星的心動，我們的另一半知道嗎？』。他(她)不會知道的。

再比如：我們金星的暗戀，連暗戀的對方也不會知道，因為我們每個人的金星的樂趣其實與別人是無關的。

我們喜歡別人喜歡我們的那種感覺是叫『虛榮』，不是金星。比如：有天當你知道有人暗戀你10年了，說真的會有那個『爽』的感覺，可是你感覺不到那種愛以及怦然心動的所有心理作用的過程。對方愛你10年，你其實感覺到那份虛榮，而不是愛。

『我愛你』的這個愛，是很難給對方的。所以有一說『寧可愛別人而痛苦，而不是別人愛你而幸福』。因為別人愛你，你是很難幸福的。因為『如果你不愛對方，而對方愛你』，其實你會感到很痛苦的，因為金星是我們的本能。所以我們從不是靠『別人愛我』而獲得幸福的。只有當『對方愛我、我也愛對方』時，注意！這其中的幸福是來自『我愛對方』的那部份。我們真正的樂趣在於我們愛他的那部份，因為那是我們自己的金星。對方愛我們的那部份，其實與我們無關。

當我們能面對控制自己的金星火星，要了解那是我們自己的金星火星。千萬不要以為你的金星火星動了，對方的金星火星也應該是動了；或者你以為這是人際關係的天理，不是這樣的，這種投射會讓你自己之後受傷。

所以金星火星會去找一夜情或妓女，但很少月亮☽、婚神⚵去找一夜情。金星火星是容許一夜情的，因為那是金星情感與火星性慾的滿足。

月亮☽

月亮☽女神掌管與生殖有關的事，所以受孕跟月亮有關，包括月經週期、排卵期。如果與他人有月亮的相位，會覺得有被照顧的感覺。因為月亮是情感情緒的關心。

婚配

Juno 很好地表明了我們需要並且將會得到的婚姻伴侶；不是我們認為我們想要的伙

伴（那些是由金星和火星統治）。婚神⚵是我們需要並且最終將成為的伴侶議題。Juno 婚神的『WE』，彼此被迫要去了解或面對更深的問題或情境，比如對方的債務、原生家庭真實問題，這常常意謂著婚神 Juno 不是指彼此有深刻的互相了解或情緒溝通，而是指共同所面對的議題很深刻。

結婚對象若是與本人的婚神⚵ Juno 合相是比較有力的，因為與期待較相近。若結婚對象的太陽⊙與本人的婚神⚵形成 180 的對立或90的刑剋都是嚴重的事，代表自己對婚姻的想法與對象完全相反，其中又以 180 的對立最嚴重。雙方彼此都需要付出更多的努力來實現自己的期望，兩個人都有婚姻的功課要學習。

男生的婚神⚵ 去配對方的月亮或上升。

女生的婚神⚵ 去找對方的太陽或上升。

但這些原則都不代表一定婚姻好，只能說是符合期待的關係。婚姻中的「我們」不是「我和你」，是要超越 partnership 的關係；所以當我們自以為和某人是 soulmate 或與家人再深，其實都沒有婚姻深。並不是婚姻提供比較深的理解，而是被迫要去面對比較深比較複雜的生命面向，要在比較深的情緒本質裡被迫去面對。朋友的問題可以在理性裡面去處理，但理性在婚姻中是無效的。婚姻要有很深沈的信任以及互相扶持。

婚神⚵不意謂會得到一個好關係，但是是生命旅程裡不可避免的，有關人性進化旅程的一個重要階段。婚神⚵所在的星座，可以反應出這個星座的人較能喚起感覺的婚姻緣份。

現在讓我們先弄清楚，然後再來介紹婚神的星座細節：

金星和火星：表明我們認為自己是理想的男人或女人的自戀驅策力。

第五宮描述我們傾向於浪漫相處的類型。

第七宮告訴我們：我們理性上認為理想伙伴的身份，應該的樣貌。

婚神及八宮，則是在關係的更基本層面的運作。

當婚神相位好，但金星不好時，當事人一生中情緒及嫉妒不會在婚姻中出現，問題不是夫妻兩人的問題，比較會是當事人自己在面對唱獨角戲。

婚神⚵在12星座：

牡羊座♈：

伴侶會變得火熱、進取、自信和活躍；草不會在他們的腳下生長。婚姻生活中的獨立性很重要，也喜歡伴侶是獨立自主型、前衛的對象。婚姻中還是以個人為重，能量較自我的。

金牛座♉：

穩重、穩定、固執、務實可靠的伴侶。要有財務基礎，算是很務實的婚姻。婚後與經濟基礎、金錢議題有關。

雙子座♊：

絕對不應該嫁娶給沈默的人；關係中會不斷地交談、交談、交談、說話、說話、說話⋯⋯這會是你所需要的；如果他們靈活多才多藝，也有幫助。在乎對象是否跟自己有心智交流、分享生活對話、打屁有趣的話題，喜歡有趣的關係。婚神在雙子座情緒上基本是很淺的，不喜歡對方很多麻煩，有些不喜歡結婚，覺得好麻煩啊，而選擇同居不去登記。

巨蟹座♋：

需要一個敏感的、能養育他人的伴侶。但要小心，如果在壓力大或做得太多時，將不能避免的，他們會發牢騷並不斷抱怨。婚神在巨蟹座希望婚姻關係能提供安全感，情緒需求會要達到很深的連結。但是當需要面對真相時，又不想要很深刻的關係，會去逃避退縮。家庭日常生活穩定對其很重要。

獅子座♌：

你的伴侶不必從事演藝事業，但他們往往會表現出艷麗的品質，富有創造力或非常好玩；但另一方面，他們可能是自大專橫得如孩子般任性或不成熟。對婚姻想法是不該與戀愛時有太大的差別。婚姻中也要有羅曼蒂克的需求。

喜歡的對象要光彩奪目，婚姻不能單調。唯一缺點是婚姻不能一直像戀愛一樣只顧玩樂有趣，所以容易受到外界誘惑。但基本上很尊重伴侶，對婚姻是忠誠的。

處女座♍：

你需要一個高效勤奮並注意健康的伴侶。會把婚姻當成一個責任工作。找的伴侶是要有用的、能幹會做事、有能力的對象。自己對生活細節很要求，也容易找到會挑剔的對象。

天秤座♎：

你需要一個迷人的、社交的且具有良好藝術感的伴侶。期盼和諧的理性關係。婚姻比一般人能保持表面的和諧相處。天秤這個風相的星座能量，本身的心智和諧狀態更勝於肉體，但基本上有些深度情緒的議題是不碰觸的。

除非剋相嚴重，否則離婚率很低。是很理性思考的類型。

天蠍座♏：

需要一個熱情、強壯且隱祕的伴侶，他們肯定在床上好。註定要遇到婚姻中最大的挑戰，婚姻是你們非常重要的大課題。性、金錢是一定要面對的問題，其要面對的婚姻問題特別複雜，但是不會向朋友哭訴，不讓他人知道的。婚姻裡很多糾葛與性、金錢背叛有關，會用很多手段來解決，一定會碰到背叛的事。就算是好相位，也可能是伴侶的金錢問題（共同財產上有一方沒有說實話）。好處在於與伴侶之間曾有深刻性的關係，而當事人不見得知道伴侶背叛。

射手座♐：

伴侶往往來自完全不同的背景，甚至可能是外國人。即使伴侶不是射手座，他們也可能具有射手座特質（接受高等教育或經常長途旅行、洋化洋派、某領域的精英或他們可能說很多話，但只圍繞於一個論點上）。婚神在射手座的婚姻，有跟沒有一樣，因為對自己及他人都需要更大的自由婚姻關係。

婚後仍然保持我行我素，最不喜歡婚姻的約束，也會給對方自由。婚神在射手座最好是職業婦女，否則生活上無法表現。

魔羯座♑：

你需要的是一個踏實的合作伙伴；對方應該是一個很好的組織者，可以幫助你開展業務，不過不要指望他們表現出太多的情感。會把理想婚姻當成事業，喜歡穩定長期的關係，不離婚的，希望符合社會的規範。

會希望伴侶聽他的，像上司對部屬（Dan常說：「太太。獨裁」）。婚神在魔羯座，把婚姻關係經營得像事業，會遵守婚姻條件，不喜歡過多的情緒、吵吵鬧鬧的。易受老成穩重的人或年紀大的人吸引。結婚會成為發號司令的人。

水瓶座♒：

你需要一個與眾不同的伴侶，他們可能是個天才又古怪的人或者只是個瘋狂的人；這可能會是不同於一般傳統婚姻的關係；水瓶座是一個對獨立性和足夠空間狂熱的標誌；兩人分開相處對婚神在水瓶座，會是一個很好的情況。喜歡獨立自主的伴侶，不喜歡被約束干預，本質上不喜歡婚姻關係，認為有束縛。接受開放式婚姻，不會去干預對方，但不代表給予對方自由(射手可以給對方自由)。

與婚神在射手座的不同在於，婚神寶瓶座不是要自由而是要獨特關係。但婚神在射手是不能被管的，會受不了，很怕被唸，會閃開。婚神射手座要的自由是必須別人配合他們，而且不能管他們。但婚神寶瓶座是別人可以完全與你們不同，而寶瓶也不會受到干擾。婚神寶瓶座可以天天在一起，當伴侶管你們，一點也沒有用的，因為管不到，你們不會在乎。

雙魚座♓：

一個虛構的伴侶可能會讓你比較滿意！如果你們碰巧剛好與一個真實的人結了婚或與一個人生活在一起，那麼你們最好利用想像力來消除伴侶的缺點，用虛擬的想像去美化對方；所以請小心不要與人結婚。因為你們會對眼下的伴侶感到完全的失望或想去拯救他們。容易有所託非人的感覺，碰到前世有特殊關係的伴侶，帶有欠債、還債的關係。

是最不肯面對關係真象，長期在充滿謊言的婚姻裡。容易碰到讓你們失望的對象，不太會處理婚姻關係。會有真正嚮往心儀的對象，但不易碰到，雙魚是唯一覺得在這個世界上真的會有一個是你們要的那種對象，只是還沒碰到。反正，婚神雙魚座落實婚姻後，總認為現在關係中的對方不是自己真正想要的。

婚神⚵在12宮：

1宮

1宮就是你，你如何去對待世界；放置在此處的婚神可以使伴侶成為你生活的核心；

還可以給你一種純真的感覺，就像新生兒一樣。

婚神在1宮對女性會特別困難，尤其那些特別獨立或能幹的女性，不容易走入婚姻，她們比較不願意承擔婚姻中的那些事或說最沒有能力處理婚姻裡「性、金錢、情緒的糾纏」的這些複雜問題。男性雖然也會與配偶有相處的障礙，但比較不會怕結婚。

婚神在1宮就像是你們一出生就已經嫁娶了，而且對象是自己。你們會停留在很淺、很自我的狀態，對於去學習處理婚姻中複雜糾纏的事，毫無耐性。所以最好找配合度高的配偶。由於無法建立深刻關係，而且不想與人觸及麻煩，所以維持泛泛之交（吃個燭光晚餐）是很容易的，很有外交手腕，會建立表面的友善。

2宮

2宮是對金錢財產和自我價值感的位子；婚姻可能會增加你的自我價值感；也可以尋求結婚以改善自我價值感，但事實上這很少起作用；在這情況下，通常你不會選擇最佳伴侶；即使親密關係已經很不好，你們往往會選擇留下來而不離婚，因為離婚對你們而言，可能意謂著毀滅性的後果。

婚神在2宮是可以為錢結婚或把婚姻伴侶視為財產；另一方面，也可能實際上是嫁給了自己的財產，會花費大部份時間來積累更多的財物。是想擁有一個婚姻的人，所以婚姻只要穩定就好，會有婚後就擺在一邊的傾向，不會輕易把擁有品丟掉的人。對婚姻而言，好處是很穩定，但婚姻裡深的關係會進不去。對原來的婚姻關係會很執著，不會拋掉。

3宮

婚姻或伴侶關係會提高任何人在這個位子上的溝通能力；當有剋相位時，可能代表在婚姻中會降低溝通能力或有這方面的困難。

婚姻對象會先來自於談得來或常見面的關係，慢慢才產生關係。與伴侶在婚後也會有經常性的活動與作息（每天一起做XX事、一起去哪裡）。「談得來」這種日常的連結很重要，但不喜歡深刻的互動。

婚神在這個宮位對婚姻是不太穩定的，容易跟當時常在一起的人在一起，最好要看緊他，但不是情緒上的（日常活動要塞滿才行，如果婚神3宮的伴侶找你去看電影，你不去的話，那他們就會找別人去）。

4宮

代表你需要一個與家庭環境緊密聯繫的伴侶；另種可能是你在婚後會變得更加家庭化。像嫁娶了自己的原生家庭，在生命早期就會顯現出來。一生都離不開家庭，對家庭的意識很強。

女生婚神在4宮，常意謂著她們的丈夫是象徵性的入贅，必須要納入女方的家庭，要求先生要參與她的家庭活動。男生的婚神在4宮，容易跟母親住在一起。

5宮

通常因為這個宮位的關係，婚姻往往會提高創造力；伴侶也往往是有創造力的人或者在孩子遊戲和愛好方面都很好；如果受剋，請留意，你們自己的行為可能變得像小孩子一樣，會想一直玩而不是工作。

婚姻關係中最重要的是小孩，像是嫁娶給孩子的父母。喜歡熱情的對象，是會為戀愛而結婚的人。婚後很容易失望，若是離婚會爭取小孩的。與孩子相處方式像談戀愛，肯花大量時間給孩子，不是只把孩子帶在身邊，而是真的陪伴，很享受與孩子之間的關係。婚後會試著把婚姻當成戀愛。婚後最好有小孩，因為孩子比配偶好玩，千變萬化可以長保熱情。

6宮

你們是可以嫁給你們的工作，有工作狂傾向，也有可能與同事結婚！不過。婚神在6宮更常表明你們需要一個可以與你們合作的伙伴；如果有剋相時，則伴侶關係和工作將無法很好地融合在一起；在這種情形下，你們要嘛試著把伴侶變成僕人，要嘛伴侶就會嘗試對你們這樣做；如果你們不希望關係破裂，那麼在這裡爭取一些平等。

7宮

這裡只會增加強化結婚或伴侶的需要；這些事情將成為你生活的基石。你是願意承擔犧牲的人，只要是重要的對象，就會想結婚；一旦直接交往就會考慮結婚。但因為不理性，所以容易嫁給不合適的對象。

很容易被追求，一旦接受對方的追求就會結婚（5宮的人要愛上才會結婚）就算對方條件不好。在婚姻中會認份，有「忍受」的問題，當婚姻出問題時，也是不太願意離婚分手的。離婚時對其打擊是很嚴重的。

8宮

婚神8宮，需要伴侶的性愛；由於8宮掌管伴侶的財產與一切，所以你們可能將伴侶視為財產。婚姻與伴侶關係，無論你們是否願意，也可以幫助你們重建或改造自己。

容易與可以提供物質資源的人結婚（金錢或社會資源）。很有機會與有錢人在一起而不用工作，花對方的資源（金星8宮比較容易被包養）。會把對方當資源提供者，容易與配偶有財務糾葛，財務損失（問題在配偶）。自己或對方一定有背叛。

婚後會有「性」的問題，配偶會抱怨。婚神8宮就算有剋相也會得配偶財。

9宮

你需要一個可以與你長途旅行並且心智上能夠哲學化的伴侶；伴侶往往是跟你相距很遠（甚至是外國人）或背景完全不同的人。與配偶之間有很重要的心智交流，有深度且具有啟發性。不那麼在乎婚姻關係，也不喜歡對象很黏，管很緊。喜歡有自我空間。

10宮

可以表明你的職業生涯；更有可能是伴侶將在你的生涯職業和社會地位方面為你提供幫助；如果婚神有剋相位，則無論你是否希望，伴侶都可以“幫助“你。或者你不喜歡伴侶，但是你會覺得無法離婚，因為你的職業或社會地位都會因此受到影響（面子問題）。

容易與事業有關的人結婚，婚後有嫁給事業的傾向，就像嫁給社會舞台，是容易出名的。太陽入10宮是因為自己想出名而付出努力，但婚神10宮是嫁給社會舞台，命定裡比較容易出名。透過伴侶會有事業上的升級，容易與對方有重要事業的連結而結婚，有共同參與事業。

11宮

你可以嫁給朋友，也可以在婚後與伴侶成為朋友；伴侶可能是參與組織或社會事業的伴侶或者你婚後會參與這些事。容易在這裡碰到伴侶。在社團裡認識或婚後共同參與，有點像是嫁給了社團。你們像是同志愛人型。

不喜歡一對一的關係，要一個志同道合的婚姻。但配偶會痛苦，因為未必會喜歡這種關係（例如：每次都是參加社團活動路跑、登山、健行，然後順道約會）。

12宮

當心！婚姻伴侶可以為你做事或成為敵人；更有可能的是，你通過吸引錯誤的人來做自己；伴侶確實是一個很好的人，但是在某種程度上對方受到限制（生病、有夢想、心緒障礙⋯），需要你不斷地幫助（開導、鼓勵支持）。

關係中的兩人有一方是要扮演犧牲者的角色。有業力要在這生完成這個關係。你會覺得有過去世強烈的某事件影響你去結這個婚。結婚時會覺得不知道為何要跟這個人結婚。

有些情況像是配偶殘障或慢性病要當事人去照顧。當有剋相時，容易在婚姻中遇到非背叛的傷痛（配偶發生不幸的事故）而需要為對方犧牲。婚神在12宮的婚姻裡有種玄妙的結合之感，難以掙脫的關係。

特別命定要來學習。在世俗婚姻關係中，要學習以大愛（不是夫妻愛）來支持。這生不是來學習婚姻的課程，而是靈性的課程，因為前世關係，這世要來學習無條件的愛，不離不棄的關係，是非常大的允諾，是超越夫妻之愛，前世有誰對不起誰的問題，這生要來償還。

婚神在12宮若沒有結婚的，有些是婚前對方就生離死別、也有的因為天王星相位而導致與某人沒有緣份結不成婚、或者最後與有冥王星、土星相位的人結了婚（但心中一定曾有一個對象是無法結婚，沒有做夫妻的緣份）。當事人特別會在這關係裡覺得有命運的安排。是這關係中重要的人，要奉獻對方的。會明顯覺得對方不是自己想要的伴侶的型，只是有不可抗拒的因素去結這個婚，存在有更神祕的因素。婚神在12宮要不然「結不成婚」，不然一定在關係中中有犧牲的主題，夫妻之愛要超越一般關係。

婚配

婚神的相位就是自己對婚姻的看法，與感情是無關的。婚神是在婚姻中為了要約束對方，而「忠實」是我們希望在婚姻中的保證。婚神是共同的財產、共有的性、共有的一切，當不忠實時，代表會有人來分錢或分感情。

若是感情，應該婚前與婚後是一樣的感情。但是大部份人在婚後會較歇斯底里，主要是因為共有的財產。在母系社會時，所有財產都在女性自己這方，財產的決定權也在女方，所以也不需要性壓抑。當時男人是無法確認小孩是不是自己的，只有太太自己才知道。但到了父系社會時，唯一管理太太的性，才能確定小孩是自己的，如此財產才不會落入別人血統裡，所以婚神與財產有關。所以在父系時的女性是需要性壓抑的。台灣也是在近代，女性才開始有自己的財產。所以女性的性壓抑，背後是與財產的分配有關，男性就是要男女關係不平等，否則無法控制財產在自己名下。

婚神相位概論：

婚神⚵與太陽☉、月亮☽、土星♄、冥王星♇的相位，是男女婚配很重要的相位。木星、土星、天王星、海王星、冥王星與婚神的關係是超越婚姻的。

而太陽、月亮與婚神是最重要的婚姻關係緣份，強過冥王星與土星。因為太陽與月亮是初衷想要跟這個人結婚。

土星、冥王星與婚神不是衝著婚姻來的，與宿世業力有關。

① 太陽☉

- 若婚神與對方的太陽星座有剋相時。就不用談了（月亮還未必，只是婚姻有陰影，但未必會離婚）。
- 當自己日月有剋相位，此時選對方的婚神就很重要。

② 月亮 ☽

- 很重要的家庭生活緣份。在日常生活相處上更有緣份，但婚姻與日常生活仍是不同的。
- 當自己的婚神與對方的月亮不和諧時，婚姻中的家庭生活必不和諧，但未必離婚。

③ 土星 ♄

- 有很強的緣份，關係不會很短暫。互有欠債關係，土星是來討債的。
- 無論相位的好壞，自己的婚神與土星有相位，一定會吸引有土星的人進來。土星會約束婚神這方。你們婚姻關係中若有土星與婚神的相位，代表這是重要的關係。土星這方會擔負起照顧的責任，而時間會很久，不會隨意讓對方走。

④ 冥王星 ♇

- 雙方會經驗很重大的創傷要被治療。有些東西是兩人共同失落要重新獲得救贖，不是誰欠誰。是有一個很強大的關係。
- 一定會牽扯到金錢利益。冥王星這方是索取者，較強勢，不是婚神這方有欠冥王星，而是冥王星為主動角色，共同要去經驗過去世的創傷。不管相位和不和諧，一定會有金錢權力性的糾紛，冥王是主動可以決定關係的。在與冥王星的這婚姻中，這些角力不見得會浮出枱面，冥王會用黑暗手段，不是那麼公平的。

- 婚神透過關係來看自己，但冥王星是重視自己。

其他行星與婚神相位　水星、金星、火星、天王星、海王星

水星、金星、火星，在婚配中是次要的輔助性相位，為婚姻調味，但不是選擇婚姻重要的相位。

水星

可以幫助了解與伴侶之間的心智溝通的品質與對事情的看法是否會有小磨擦。

金星

在男女戀愛時是很重要的決定性緣份，是個人本能的行星；戀愛時關心的只是自己本能的需求，永遠都是個人對世間本能的反應，不是婚姻裡的約束性。

神話中的金星在婚前、婚後都很浪蕩，婚後沒人管得了。金星與婚姻無關，本質上與婚神不同；唯一相同是結婚了。她們對婚姻態度是完全不同，有點恩寵加詛咒。金星喜歡戀愛但不忠實，在婚姻中若會有背叛的念頭，都是來自金星相位。

火星

火星在關係中要小心，雙方容易有在婚姻本質上的「性」不和諧。

天王星

天王星與海王星的本質不是為世間來的緣份。婚姻中若有天王星的關係，意謂著一種高等心智及哲學性、宇宙性的價值。彼此間有心智的刺激，來得快去得也快。這個關係的去或留。都是在天王星這方。天王這方無法對婚神這方有承諾。

海王星

海王星與責任無關，其大愛、博愛、廣愛、無遠弗界，會嚮往遠方，聽得到遠方的聲音。婚姻中若有海王星關係，就是要去經驗深層情感藝術靈性的。

婚神是很務實的行星，與海王星要的東西不一樣。兩者間其實沒有協調性，在外界感覺裡，兩人有特殊連結，有點迷離感，性愛與現實的牽絆較少。他們這對好像是為了前世未完成而在一起，但在一起後也還是沒有完成。物質性愛的束縛較小，這些對他們不是很重要。

有些是彼此有好感但不能在一起，不能在一起的是海王星那方不能衝破現實，彼此間有種超乎現實的連結。在現實上是很難完成的一種關係。若本命的婚神與海王星合在一起，此生你會有一個現實的婚姻關係，但又會有一種與海王星有關的能量，這使得你們在現實中會產生困擾，因為很難找到在現世中有重要的連結。

兩人間有一種吸引力，越有情慾關係越會有問題，關係走不長久。因為海王星不是為情慾而來的，它是一種靈性功課的喚起。

所以本命不論婚神與海王星相位如何，這樣的伴侶都不太可靠，因為對現實婚姻都不太會滿足，當事人都希望伴侶會是一個靈性伴侶。當合相或和諧相時，是會找到真正的靈性伴侶，包括婚姻伴侶，但同時可能還會有很多個。而不和諧相位時，常常會找錯人，來到的都不是好的靈性伴侶。

PISCES
AQUARIUS
ARIES
Triangulum
TAURUS
Andromeda
Pegasus
Equuleus
Delphinus
CAPRICORNUS
Cassiopea
Cepheus
Cygnus
Antinous
Perseus
Aquila
Auriga
Lira
SAGITTARIUS
Vrsa minor
GEMINI
Vrsa maior
Draco
Corona
Serpentarius
Coma Berenices
Bootes
Serpens
CANCER
SCORPIUS
LEO
VIRGO
LIBRA

第二篇

九．星圖如上師

總論

我們原本認識的占星學，其實是一個有缺陷的系統。從我們的星圖設計上來看，12個宮位就像是人類演化的舞台。

1宮：個體的自覺，聲明『我』在世界上的存在，與別人是不同的。

2宮：『我的』身體、感官。從食物到性，這個美嗎？香嗎？好吃嗎？好聽嗎？摸起來質感舒服嗎？這是感宮的品味。

3宮：『我的心智』與外界的溝通。我的看法、想法、說法。

4宮：『我的感受』，情緒體，對外界訊息是如何感受的。

5宮：『我的創作』，我的愛、表達自我、複製一個『我』(生小孩、創作、愛)。

從1~5宮是個體的發展、拓展、演化的過程。

6宮：把1~5宮的個體性發展更加理想化、完美化、淨化。重新做一個自我檢視，是個體發展的一個段落，要完成個體，所以又稱為『**淨化的自己**』。一個會自省、自律的自己。

每個人背後都有自己的1~5宮，如果沒有在6宮做淨化，而各自帶著很強的自我去連結他人(7宮之後)，那麼課題之困難、衝突矛盾之大，可想而知。

7宮：第一次強烈意識到他人的存在(the other)，但不代表『我的1~5』不存在。是『我和他人』。這階段是學習如何建立理性上的公平關係。如何在與他人合作的同時，而不失去自己主張的勇氣。

8宮：與他人產生結合，變成『我們 We』。8宮的『我們』，是會去干涉對方星圖中的1~8（管對方這個人、管對方的薪水怎麼花、對對方進行思想改造、管對方如何與原生家庭的關係、管對方的娛樂、交的朋友、吃的東西健不健康……就是：『你泥中有我、我泥中有你』『反正你的1-8都要歸我管。』

6宮、7宮、8宮是人際關係的橋樑。如果這裡一路發展得有自覺，那麼才有可能期待有更好的後面9宮~11宮（那是更大的『我們』）。與個人的感官知覺無關。

9宮：**社會的集體知識系統**。舉凡法律、倫理、宗教、姻親、高等教育、智慧知識……等等，社會訂的法則。

10宮：**社會集體所訂的結構**、制度、建制、組織。例如：公司、國家、法院。

11宮：**社會集體追求的理念**，例如：學會、協會、青商會、婦女會、獅子會、扶輪社，為某一理念宗旨而集聚的非營利組織。

12宮：**人類集體的潛意識**。Karma 業力，祕密的敵人（比如：你與某人有問題，像是母女或手足，但有個不為人知，覺察不到的一個祕密是來自另一世。或者你會情不自禁地想去幫一個人，但其實你是討厭這個人的）。也就是說：你與對方的牽連其實是來自集體無意識在決定的。

人類從『個體性』（1～5宮）到『社會性』（6～8宮）到『人類集體性』（9～11宮）的關聯中，是必須經過一個拓展與演化的過程。只有當這個過程建立起來後，我們才有辦法從個體性（1～5宮）後，進入社會性體系（6～8宮）。

所以婚神、8宮是人類從1宮的個體發展到5宮的自我表達創造；然後進入6宮的淨化自我；接著7宮學習與另一個人的連結，尊重彼此且公平的對待；到進入8宮準備與另一個人徹底的結合成一體。這是要進入一個『大我』神性系統前的最後一個門檻階段（9宮之後～12宮，是人類文明出現前的神性世界）。

由此可見，8宮與婚神⚵在整個盤中具有關鍵而重要的地位。只有經過8宮的烒煉，才能真正體悟那神性的9宮哲學、發展10宮更大格局的社會舞台，以及追尋11宮人類更大理想的烏托邦。

占星學是共業的命盤

我們的肉身宇宙的實相會在星圖中呈現。所以如果能先了解的話，那麼靈魂的覺醒與能量的提昇，才有可能超越這個因果。

每個人都有靈性的內在光芒，如星星。光芒是一直存在的，但我們未必有看的方法，而占星學是讓我們看到這些存在的、獨特的、靈性的光。只有當人們的靈魂進化層次越高，才越有可能超越現實，轉化為靈性的功課；當進化程度低時，那麼現實的麻煩跟著也就多了，會整天都在抱怨。如果我們對自己的相位有修行或覺察，那麼為自己或別人帶來的麻煩就會少很多；若能自修的話，獲益的是你以及你遇到的所有的人。

去算命的人並不真的想解惑，他們只想控制現狀；而投入學習的人，是對生命之惑有興趣的人。老實說：花些時間去與自己的命運相處，因為這世界上沒有任何人看待你的命運如你自己這般地重視。「誰願意花3小時替你看盤，有的人40、50分鐘就把你打發了！」當我們到處算命，東拼西湊或只選自己想聽的，結果最後花了許多錢，獲得的幫助卻很有限。所以學習占星學真的是一種恩寵，若能與我們的生命處境相處，就能慈悲地接受；自己的生命還是要自己去參與的。

命運的羅網如此纖細地交織著，但不需要歇斯底里，我們都得帶著自己的星圖去面對他人。它是一門內修的功課，一門生命的隱學！

祝福大家

第三篇

學力測驗卷

PISCES
AQUARIUS
TAURUS
Orion
Lepus
Phoenix
Grus
Hydra
GEMINI
Centaurus
CANCER
Corvus
LIBRA

學力測驗卷

學校有「學力測驗」，社會上流行「全民英檢」，如果你是自修占星多年或剛入門，那麼我們也稍稍來個簡易的檢測。以下為了讓我們更進入狀態，我們就假定這是一所「占星學院」，依級次所作的「學力」評估唷～

但為了要有教育的成果呈現，每個學生在畢業時，都要交出主題作品：譜唱一首『自己的生命之歌』！

1. 如果你知道…

a. 自己的⊙太陽星座是哪一個？

b. 並且能說出「我是土象星座（或者水象星座、火象星座、風象星座）」。

c. 總共有12個星座，依序是：

♈牡羊、♉金牛、♊雙子、♋巨蟹、♌獅子、♍處女、♎天秤、♏天蠍、♐射手、♑魔羯、♒寶瓶、♓雙魚。

那麼這個階段算是可以和同學、朋友打屁聊天時，插得上話的初入門第一級。

請勾選： Yes! □ No! □

2. 如果你知道不是只有☉太陽星座而已（因為全世界不應只分成12種人）：

a. 還知道有☽月亮、☿水星、♀金星、♂火星、ASC上升星座；

那麼這是第二級程度。

請勾選： Yes! □ No! □

3. 如果你還知道不是只有☉太陽、☽月亮、☿水星、♀金星、♂火星這五顆星…

a. 還有♃木星、♄土星、♅天王星、♆海王星、♇冥王星這另外五顆星。也就是我們每個人的星圖中都有基本的10顆星，而這10顆星代表的都是我們。那麼你的占星程度來到第三級。

請勾選： Yes! ☐ No! ☐

4. 如果你…

a. 曾經看過星圖，也知道有一種圓圓形狀的星圖…

b. 並且你的那10顆星散落在這個星圖中，有點像是古詩詞中的「大珠小珠落玉盤」。

那麼你是**第四級**程度。（以上四級大約是占星學院可以小學畢業。）

請勾選：

Yes! □

No! □

5. 倘若你知道星圖中……

a. 分割成一格一格，叫做「星宮 house」。共有12格，稱為12星宮。

b. 這12格，有點像切生日蛋糕，從軸心均分成12人份，各代表我們每個人的生命舞台的不同面向。

分為：「命宮」「財務宮」「戀愛宮」「婚姻宮」「工作宮」……

到這兒你已經是**第五級**。（這一級大約是占星學院可以國中畢業）

請勾選：

Yes! □

No! □

6. 如果你知道…

a. 星圖中的這10顆星，有些彼此會產生力量的抵減或加乘作用。有些相輔相成，又有些互相抵制、不相容而且互相拉扯。

這時候你大約已經可以寫出『生命之歌』的主旋律了。

第六級：這個階段是占星學院的高中程度。

請勾選：

Yes! □

No! □

7. 如果你知道…

a. 天上現在星星的力量，對應你手中自己的星圖，會帶給生命千變萬化。我們稱為『行運』、『運程』。

這部份像是遠方的雷聲。是『生命之歌』的【變奏曲】。

b.　行運的力量強烈地吸引我們進入生命的風暴。這部份的學習可以幫助我們將知識應用於生命的短期、中期、長期規劃。

在人生的長河中，提早了解自己的生命地圖、譜唱自己的生命之歌，自此你可以當起自己生命的導遊。

第七級：占星學院大學專修程度。（行運變奏曲）

請勾選：

Yes! ☐

No! ☐

8. 如果你知道…

人與人的緣份有很多面向。親密愛情、手足親情、骨肉血緣、手帕朋友、社團泛泛之交、職場上司同事…這些都無法避免。但人際有分層次的：

a.　以「夫妻」與「家人」的緣份特別重要。彼此的12個宮位會在生活中全面產生影響。

b. 總之，人際關係越深，就有越多宮位（人生面向）的挑戰，不像朋友、同事可以選擇部份領域交往互動。

所以，要改善人際關係，請暫時收起抱怨，先檢視一下自己的星圖。有時候是自己的負面能量帶給別人，卻以為遇到了壞人。其實是自己帶著自己的問題到別人的生命裡去了呢！

第八級：占星學院專修程度（人際協奏曲：合盤緣份）

請勾選：

Yes! □

No! □

9. 哇~真不簡單…

你是否知道這些星圖中存在的前世印記：

a. 「南交點、北交點」

b. 「奇龍星或者凱龍星」

c. 「四小行星：穀神、灶神、智神、婚神」

d. 「暗月」、「行星逆行」、「福點」

這些都是占星學中的靈修指南，從解讀輪迴記憶、靈魂隱藏的訊息達到靈魂的自覺，了解到此生的功課、生命中所發生的痛苦，對於我們自己是有意義的。真正做為一個生命旅人的靈魂學習。這部份會幫助我們進入較深的星圖解盤。

第九級：占星學院研究所程度（靈魂占星）

請勾選：

Yes! □

No! □

第四篇

附表

第四篇

附表

1955 年													
♀金星		♂火星		♃木星		♄土星		♅天王星		♆海王星		♇冥王星	
日期	星座	日期	星座	日期	星座	日期	星座	日期	星座	日期	星座	日期	星座
1/1-1/6	♏	1/1-1/15	♓	1/1-6/12	♋	1/1-12/31	♏	1/1-8/24	♋	1/1-12/24	♎	1/1-12/31	♌
1/7-2/6	♐	1/16-2/26	♈	6/13-11/17	♌			8/25-12/31	♌	12/25-12/31	♏		
2/7-3/4	♑	2/27-4/10	♉	11/18-12/31	♍								
3/5-3/30	♒	4/11-5/26	♊										
3/31-4/24	♓	5/27-7/11	♋										
4/24-5/19	♈	7/12-8/27	♌										
5/29-6/13	♉	8/28-10/13	♍							☊北交		⚷凱龍	
6/14-7/8	♊	10/14-11/29	♎							1/1-4/13	♑	1/1-1/27	♑
7/9-8/1	♋	11/30-12/31	♏							4/14-12/31	♐	1/28-12/31	♒
8/2-8/25	♌												
8/26-9/18	♍												
9/19-10/13	♎												
10/14-11/6	♏												
11/7-11/30	♐												
12/1-12/24	♑												
12/24-12/31	♒												

1956 年													
♀金星		♂火星		♃木星		♄土星		♅天王星		♆海王星		♇冥王星	
日期	星座	日期	星座	日期	星座	日期	星座	日期	星座	日期	星座	日期	星座
1/1-1/17	♒	1/1-1/14	♏	1/1-1/18	♍	1/1-1/12	♏	1/1-1/28	♌	1/1-3/12	♏	1/1-10/19	♌
1/18-2/11	♓	1/15-2/28	♐	1/19-7/7	♌	1/13-5/14	♐	1/29-6/9	♋	3/13-10/19	♎	10/20-12/31	♍
2/12-3/7	♈	2/29-4/14	♑	7/8-12/13	♍	5/15-10/10	♏	6/10-12/31	♌	10/20-12/31	♏		
3/8-4/4	♉	4/15-6/3	♒	12/14-12/31	♎	10/11-12/31	♐						
4/5-5/8	♊	6/4-12/6	♓										
5/9-6/23	♋	12/7-12/31	♈										
6/24-8/4	♊												
8/5-9/8	♋									☊北交		⚷凱龍	
9/9-10/6	♌									1/1- 10/30	♐	1/1- 12/31	♒
10/7-10/31	♍									10/31-12/31	♏		
11/1-11/25	♎												
11/26-12/19	♏												
12/20-12/31	♐												

1957年													
♀金星		♂火星		♃木星		♄土星		♅天王星		♆海王星		♇冥王星	
日期	星座	日期	星座	日期	星座	日期	星座	日期	星座	日期	星座	日期	星座
1/1-1/12	♐	1/1-1/28	♈	1/1-2/19	♎	1/1-12/31	♐	1/1-12/31	♌	1/1-6/16	♏	1/1-1/15	♍
1/13-2/5	♑	1/29-3/17	♉	2/20-8/7	♍					6/17-8/5	♎	1/16-8/18	♌
2/6-3/1	♒	3/18-5/4	♊	8/8-12/31	♎					8/6-12/31	♏	8/19-12/31	♍
3/2-3/25	♓	5/5-6/21	♋										
3/26-4/19	♈	6/22-8/8	♌										
4/20-5/13	♉	8/9-9/24	♍										
5/14-6/6	♊	9/25-11/8	♎										
6/7-7/1	♋	11/9-12/23	♏										
7/2-7/26	♌	12/24-12/31	♐							☊北交		⚷凱龍	
7/27-8/20	♍									1/1- 12/31	♏	1/1- 12/31	♒
8/21-9/14	♎												
9/15-10/10	♏												
10/11-11/5	♐												
11/6-12/6	♑												
12/7-12/31	♒												

1958 年													
♀金星		♂火星		♃木星		♄土星		♅天王星		♆海王星		♇冥王星	
日期	星座	日期	星座	日期	星座	日期	星座	日期	星座	日期	星座	日期	星座
1/1-4/6	♒	1/1-2/3	♐	1/1-1/13	♎	1/1-12/31	♐	1/1-12/31	♌	1/1-12/31	♏	1/1-4/12	♍
4/7-5/5	♓	2/4-3/17	♑	1/14-3.20	♏							4/13-6/10	♌
5/6-6/1	♈	3/18-4/27	♒	3/21-9/7	♎							6/11-12/31	♍
6/2-6/26	♉	4/28-6/7	♓	9/8-12/31	♏								
6/27-7/22	♊	6/8-7/21	♈										
7/23-8/16	♋	7/22-9/21	♉							☊北交		⚷凱龍	
8/17-9/9	♌	9/22-10/29	♊							1/1- 5/20	♏	1/1- 12/31	♒
9/10-10/3	♍	10/30-12/31	♉							5/21-12/31	♎		
10/4-10/27	♎												
10/28-11/20	♏												
11/21-12/14	♐												
11/15-12/31	♑												

1959年													
♀金星		♂火星		♃木星		♄土星		♅天王星		♆海王星		♇冥王星	
日期	星座	日期	星座	日期	星座	日期	星座	日期	星座	日期	星座	日期	星座
1/1-1/7	♑	1/1-2/10	♉	1/1-2./10	♏	1/1-1/5	♐	1/1-12/31	♌	1/1-12/31	♏	1/1-12/31	♍
1/8-1/31	♒	2/11-4/10	♊	2/11-4/24	♐	1/6-12/31	♑						
2/1-2/24	♓	4/11-6/1	♋	4/25-10/5	♏								
2/25-3/20	♈	6/2-7/20	♌	10/6-12/31	♐								
3/21-4/14	♉	7/21-9/5	♍										
4/15-5/10	♊	9/6-10/21	♎										
5/11-6/6	♋	10/22-12/3	♏							☊北交		⚷凱龍	
6/6-7/8	♌	12/4-12/31	♐							1/1- 12/7	♎	1/1- 12/31	♒
7/9-9/20	♍									12/8-12/31	♍		
9/21-9/25	♌												
9/26-11/9	♍												
11/10-12/7	♎												
12/8-12/31	♏												

1960 年													
♀金星		♂火星		♃木星		♄土星		♅天王星		♆海王星		♇冥王星	
日期	星座	日期	星座	日期	星座	日期	星座	日期	星座	日期	星座	日期	星座
1/1-1/2	♏	1/1-1/14	♐	1/1-3/1	♐	1/1-12/31	♑	1/1-12/31	♌	1/1-12/31	♏	1/1-12/31	♍
1/3-1/27	♐	1/15-2/23	♑	3/2-6/10	♑								
1/28-2/20	♑	2/24-4/2	♒	6/11-10/26	♐								
2/21-3/16	♒	4/3-5/11	♓	10/27-12/31	♑								
3/17-4/9	♓	5/12-6/20	♈										
4/10-5/3	♈	6/217-8/2	♉										
5/4-5/28	♉	8/3-9/21	♊							☊北交		⚷凱龍	
5/29-6/21	♊	9/22-12/31	♋							1/1- 12/31	♍	1/1- 3/26	♒
6/22-7/16	♋											3/27-8/19	♓
7/17-8/9	♌											8/20-12/31	♒
8/10-9/2	♍												
9/3-9/27	♎												
9/28-10/21	♏												
10/22-11/15	♐												
11/16-12/10	♑												
12/11-12/31	♒												

1961 年													
♀金星		♂火星		♃木星		♄土星		♅天王星		♆海王星		♇冥王星	
日期	星座	日期	星座	日期	星座	日期	星座	日期	星座	日期	星座	日期	星座
1/1-1/5	♒	1/1-2/5	♋	1/1-3/15	♑	1/1-12/31	♑	1/1-11/1	♌	1/1-12/31	♏	1/1-12/31	♍
1/6-2/2	♓	2/6-2/7	♊	3/16-8/12	♒			11/2-12/31	♍				
1/3-6/5	♈	2/8-5/6	♋	8/13-11/4	♑								
6/6-7/7	♉	5/7-6/28	♌	11/5-12/31	♒								
7/8-8/3	♊	6/29-8/17	♍										
8/4-8/29	♋	8/18-10/1	♎							☊北交		⚷凱龍	
8/30-9/23	♌	10/2-11/13	♏							1/1- 6/26	♍	1/1- 1/21	♒
9/24-10/18	♍	11/14-12/24	♐							6/27-12/31	♌	1/22-12/31	♓
10/19-11/11	♎	12/25-12/31	♑										
11/12-12/5	♏												
12/6-12/29	♐												
12/30-12/31	♑												

1962 年													
♀金星		♂火星		♃木星		♄土星		♅天王星		♆海王星		♇冥王星	
日期	星座	日期	星座	日期	星座	日期	星座	日期	星座	日期	星座	日期	星座
1/1-1/21	♑	1/1-2/1	♑	1/1-3/25	♒	1/1-1/3	♑	1/1-1/10	♍	1/1-12/31	♏	1/1-12/31	♍
1/22-2/14	♒	2/2-3/12	♒	3/26-12/31	♓	1/4-12/31	♒	1/11-8/9	♌				
2/15-3/10	♓	3/13-4/19	♓					8/10-12/31	♍				
3/11-4/3	♈	4/20-5/28	♈										
4/4-4/28	♉	5/29-7/9	♉										
4/29-5/23	♊	7/10-8/22	♊							☊北交		⚷凱龍	
5/24-6/17	♋	8/23-10/11	♋							1/1- 12/31	♌	1/1- 12/31	♓
6/18-7/12	♌	10/12-12/31	♌										
7/13-8/8	♍												
8/9-9/7	♎												
9/8-12/31	♏												

1963 年													
♀金星		♂火星		♃木星		♄土星		♅天王星		♆海王星		♇冥王星	
日期	星座	日期	星座	日期	星座	日期	星座	日期	星座	日期	星座	日期	星座
1/1-1/6	♏	1/1-6/3	♌	1/1-4/4	♓	1/1-12/31	♒	1/1-12/31	♍	1/1-12/31	♏	1/1-12/31	♍
1/7-2/5	♐	6/4-7/27	♍	4/5-12/31	♈								
2/6-3/4	♑	7/28-9/12	♎										
3/5-3/30	♒	9/13-10/25	♏										
3/31-4/24	♓	10/26-12/5	♐										
4/25-5/19	♈	12/6-12/31	♑										
5/20-6/12	♉												
6/13-7/7	♊												
7/8-7/31	♋									☊北交		⚷凱龍	
8/1-8/25	♌									1/1- 1/13	♌	1/1- 12/31	♓
8/26-9/18	♍									1/14-12/31	♋		
9/19-10/12	♎												
10/13-11/5	♏												
11/6-11/29	♐												
11/30-12/23	♑												
12/24-12/31	♒												

1964 年													
♀金星		♂火星		♃木星		♄土星		♅天王星		♆海王星		♇冥王星	
日期	星座	日期	星座	日期	星座	日期	星座	日期	星座	日期	星座	日期	星座
1/1-1/17	♒	1/1-1/13	♑	1/1-4/12	♈	1/1-3/24	♒	1/1-12/31	♍	1/1-12/31	♏	1/1-12/31	♍
1/18-2/10	♓	1/14-2/20	♒	4/13-12/31	♉	3/25-9/17	♓						
2/11-3/7	♈	2/21-3/29	♓			9/18-12/16	♒						
3/8-4/4	♉	3/30-5/7	♈			12/17-12/31	♓						
4/5-5/9	♊	5/8-6/17	♉										
5/9-6/17	♋	6/18-7/30	♊										
6/18-8/5	♊	7/31-9/15	♋							☊北交		⚷凱龍	
8/6-9/8	♋	9/16-11/6	♌							1/1- 8/2	♋	1/1- 12/31	♓
9/9-10/5	♌	11/7-12/31	♍							8/3-12/31	♊		
10/6-10/31	♍												
11/1-11/25	♎												
11/26-12/19	♏												
12/20-12/31	♐												

1965 年													
♀金星		♂火星		♃木星		♄土星		♅天王星		♆海王星		♇冥王星	
日期	星座	日期	星座	日期	星座	日期	星座	日期	星座	日期	星座	日期	星座
1/1-1/12	♐	1/1-6/29	♍	1/1-4/22	♉	1/1-12/31	♓	1/1-12/31	♍	1/1-12/31	♏	1/1-12/31	♍
1/13-2/5	♑	6/30-8/20	♎	4/23-9/21	♊								
2/6-3/1	♒	8/21-10/4	♏	9/22-11/17	♋								
3/2-3/25	♓	10/5-11/14	♐	11/18-12/31	♊								
3/26-4/18	♈	11/15-12/23	♑										
4/19-5/12	♉	12/24-12/31	♒										
5/13-6/6	♊												
6/7-6/30	♋									☊北交		⚷凱龍	
7/1-7/25	♌									1/1- 12/31	♊	1/1- 12/31	♓
7/26-8/19	♍												
8/20-9/13	♎												
9/14-10/9	♏												
10/10-11/5	♐												
11/6-12/7	♑												
12/8-12/31	♒												

1966 年													
♀金星		♂火星		♃木星		♄土星		♅天王星		♆海王星		♇冥王星	
日期	星座	日期	星座	日期	星座	日期	星座	日期	星座	日期	星座	日期	星座
1/1-2/6	♒	1/1-1/30	♒	1/1-5/5	♊	1/1-12/31	♓	1/1-12/31	♍	1/1-12/31	♏	1/1-12/31	♍
2/7-2/25	♑	1/31-3/9	♓	5/6-9/27	♋								
2/26-4/6	♒	3/10-4/17	♈	9/28-12/31	♌								
4/7-5/5	♓	4/18-5/28	♉										
5/6-5/31	♈	5/29-7/11	♊										
6/1-6/26	♉	7/12-8/25	♋										
6/27-7/21	♊	8/26-10/12	♌							☊北交		⚷凱龍	
7/22-8/15	♋	10/13-12/4	♍							1/1- 2/19	♊	1/1- 12/31	♓
8/16-9/8	♌	12/5-12/31	♎							2/20-12/31	♉		
9/9-10/3	♍												
10/4-10/27	♎												
10/28-11/20	♏												
11/21-12/13	♐												
12/14-12/31	♑												

1967年													
♀金星		♂火星		♃木星		♄土星		♅天王星		♆海王星		♇冥王星	
日期	星座	日期	星座	日期	星座	日期	星座	日期	星座	日期	星座	日期	星座
1/1-1/6	♑	1/1-2/12	♎	1/1-1/16	♌	1/1-3/3	♓	1/1-12/31	♍	1/1-12/31	♏	1/1-12/31	♍
1/7-1/30	♒	2/13-3/31	♏	1/17-5/23	♋	3/4-12/31	♈						
1/31-2/23	♓	4/1-7/19	♎	5/24-10/19	♌								
2/24-3/20	♈	7/20-9/10	♏	10/20-12/31	♍								
3/21-4/14	♉	9/11-10/23	♐										
4/15-5/10	♊	10/24-12/1	♑										
5/11-6/6	♋	12/2-12/31	♒							☊北交		⚷凱龍	
6/7-7/8	♌									1/1- 9/9	♉	1/1- 12/31	♓
7/9-9/9	♍									9/10-12/31	♈		
9/10-10/1	♌												
10/2-11/9	♍												
11/10-12/7	♎												
12/8-12/31	♏												

1968 年													
♀金星		♂火星		♃木星		♄土星		♅天王星		♆海王星		♇冥王星	
日期	星座	日期	星座	日期	星座	日期	星座	日期	星座	日期	星座	日期	星座
1/1	♏	1/1-1/9	♒	1/1-2/27	♍	1/1-12/31	♈	1/1-9/28	♍	1/1-12/31	♏	1/1-12/31	♍
1/2-1/26	♐	1/10-2/17	♓	2/28-6/15	♌			9/29-12/31	♎				
1/27-2/20	♑	2/18-3/27	♈	6/16-11/15	♍								
2/21-3/15	♒	3/28-5/8	♉	11/16-12/31	♎								
3/16-4/8	♓	5/9-6/21	♊										
4/9-5/3	♈	6/22-8/5	♋										
5/4-5/27	♉	8/6-9/21	♌										
5/28-6/21	♊	9/22-11/9	♍										
6/22-7/15	♋	11/10-12/29	♎										
7/16-8/8	♌	12/30-12/31	♏							☊北交		⚷凱龍	
8/9-9/2	♍									1/1- 2/31	♈	1/1- 4/1	♓
9/3-9/26	♎											4/2-10/18	♈
9/27-10/21	♏											10/19-12/31	♓
10/22-11/14	♐												
11/15-12/9	♑												
12/10-12/31	♒												

1969年													
♀金星		♂火星		♃木星		♄土星		♅天王星		♆海王星		♇冥王星	
日期	星座	日期	星座	日期	星座	日期	星座	日期	星座	日期	星座	日期	星座
1/1-1/4	♒	1/1-2/25	♏	1/1-3/30	♎	1/1-4/29	♈	1/1-5/21	♎	1/1-12/31	♏	1/1-12/31	♍
1/5-2/2	♓	2/26-9/21	♐	3/31-7/15	♍	4/30-12/31	♉	5/22-6/23	♍				
2/3-6/6	♈	9/22-11/4	♑	7/16-12/16	♎			6/24-12/31	♎				
6/7-7/6	♉	11/5-12/15	♒	12/17-12/31	♏								
7/7-8/3	♊	12/16-12/31	♓										
8/4-8/29	♋												
8/30-9/23	♌									☊北交		⚷凱龍	
9/24-10/17	♍									1/1-3/29	♈	1/1-1/30	♓
10/18-11/10	♎									3/30-12/31	♓	1/31-12/31	♈
11/11-12/4	♏												
12/5-12/28	♐												
12/29-12/31	♑												

1970 年													
♀金星		♂火星		♃木星		♄土星		♅天王星		♆海王星		♇冥王星	
日期	星座	日期	星座	日期	星座	日期	星座	日期	星座	日期	星座	日期	星座
1/1-1/21	♑	1/1-1/24	♓	1/1-4/50	♏	1/1-12/31	♉	1/1-12/31	♎	1/1-1/4	♏	1/1-12/31	♍
1/22-2/14	♒	1/25-3/7	♈	5/1-8/15	♎					1/5-5/3	♐		
2/15-3/10	♓	3/8-4/18	♉	8/16-12/31	♏					5/4-11/6	♏		
3/11-4/3	♈	4/19-6/2	♊							11/7-12/31	♐		
4/4-4/27	♉	6/3-7/18	♋										
4/28-5/22	♊	7/19-9/3	♌										
5/23-6/16	♋	9/4-10/20	♍							☊北交		⚷凱龍	
6/17-7/12	♌	10/21-12/6	♎							1/1-10/16	♓	1/1-12/31	♈
7/13-8/8	♍	12/7-12/31	♏							10/17-12/31	♒		
8/9-9/7	♎												
9/8-12/31	♏												

1971 年													
♀金星		♂火星		♃木星		♄土星		♅天王星		♆海王星		♇冥王星	
日期	星座	日期	星座	日期	星座	日期	星座	日期	星座	日期	星座	日期	星座
1/1-1/7	♏	1/1-1/23	♏	1/1-1/14	♏	1/1-6/18	♉	1/1-12/31	♎	1/1-12/31	♐	1/1-10/5	♍
1/8-2/5	♐	1/24-3/12	♐	1/15-6/5	♐	6/19-12/31	♊					10/6-12/31	♎
2/6-3/4	♑	3/13-5/3	♑	6/6-9/11	♏								
3/5-3/29	♒	5/4-11/6	♒	9/12-12/31	♐								
3/30-4/23	♓	11/7-12/26	♓										
4/24-5/18	♈	12/27-12/31	♈										
5/19-6/12	♉												
6/13-7/6	♊												
7/7-7/31	♋									☊北交		⚷凱龍	
8/1-8/254	♌									1/1- 12/31	♒	1/1- 12/31	♈
8/25-9/17	♍												
9/18-10/11	♎												
10/12-11/5	♏												
11/6-11/29	♐												
11/30-12/23	♑												
12/24-12/31	♒												

1972 年													
♀金星		♂火星		♃木星		♄土星		♅天王星		♆海王星		♇冥王星	
日期	星座	日期	星座	日期	星座	日期	星座	日期	星座	日期	星座	日期	星座
1/1-1/16	♒	1/1-2/10	♈	1/1-2/6	♐	1/1-1/10	♊	1/1-12/31	♎	1/1-12/31	♐	1/1-4/17	♎
1/17-2/10	♓	2/11-3/27	♉	2/7-7/24	♑	1/11-2/21	♉					4/18-7/30	♍
2/11-3/7	♈	3/28-5/12	♊	7/25-9/25	♐	2/22-12/31	♊					7/31-12/31	♎
3/8-4/3	♉	5/13-6/28	♋	9/26-12/31	♑								
4/4-5/10	♊	6/29-8/15	♌										
5/11-6/11	♋	8/16-9/30	♍										
6/12-8/6	♊	10/1-11/15	♎										
8/7-9/7	♋	11/16-12/30	♏							☊北交		⚷凱龍	
9/8-10/5	♌	12/31	♐							1/1- 5/5	♒	1/1- 12/31	♈
10/6-10/30	♍									5/6-12/31	♑		
10/31-11/24	♎												
11/25-12/18	♏												
12/19-12/31	♐												

1973年													
♀金星		♂火星		♃木星		♄土星		♅天王星		♆海王星		♇冥王星	
日期	星座	日期	星座	日期	星座	日期	星座	日期	星座	日期	星座	日期	星座
1/1-1/11	♐	1/1-2/12	♐	1/1-2/23	♑	1/1-8/1	♊	1/1-12/31	♎	1/1-12/31	♐	1/1-12/31	♎
1/12-2/4	♑	2/13-3/26	♑	2/24-12/31	♒	8/2-12/31	♋						
2/5-2/28	♒	3/27-5/8	♒										
3/1-3/24	♓	5/9-6/20	♓										
3/25-4/18	♈	6/21-8/12	♈										
4/19-5/12	♉	8/13-10/29	♉										
5/13-6/5	♊	10/30-12/24	♈										
6/6-6/30	♋	12/25-12/31	♉										
7/1-7/25	♌									☊北交		⚷凱龍	
7/26-8/19	♍									1/1- 11/22	♑	1/1- 12/31	♈
8/20-9/13	♎									11/23-12/31	♐		
9/14-10/9	♏												
10/10-11/5	♐												
11/6-12/7	♑												
12/8-12/31	♒												

1974 年													
♀金星		♂火星		♃木星		♄土星		♅天王星		♆海王星		♇冥王星	
日期	星座	日期	星座	日期	星座	日期	星座	日期	星座	日期	星座	日期	星座
1/1-1/29	♒	1/1-2/27	♉	1/1-3/8	♒	1/1-1/7	♋	1/1-11/21	♎	1/1-12/31	♐	1/1-12/31	♎
1/30-2/28	♑	2/28-4/20	♊	3/9-12/31	♓	1/8-4/18	♊	11/22-12/31	♏				
3/1-4/6	♒	4/21-6/9	♋			4/19-12/31	♋						
4/7-5/4	♓	6/10-7/27	♌										
5/5-5/31	♈	7/28-9/12	♍										
6/1-6/25	♉	9/13-10/28	♎										
6/26-7/21	♊	10/29-12/10	♏										
7/22-8/14	♋	12/11-12/31	♐							☊北交		⚷凱龍	
8/15-9/8	♌									1/1- 12/31	♐	1/1- 12/31	♈
9/9-10/2	♍												
10/3-10/26	♎												
10/27-11/19	♏												
11/20-12/13	♐												
12/14-12/31	♑												

1975 年													
♀金星		♂火星		♃木星		♄土星		♅天王星		♆海王星		♇冥王星	
日期	星座	日期	星座	日期	星座	日期	星座	日期	星座	日期	星座	日期	星座
1/1-1/6	♑	1/1-1/21	♐	1/1-3/18	♓	1/1-9/17	♋	1/1-5/1	♏	1/1-12/31	♐	1/1-12/31	♎
1/7-1/30	♒	1/22-3/3	♑	3/19-12/31	♈	9/18-12/31	♌	5/2-9/8	♎				
1/31-2/23	♓	3/4-4/11	♒					9/9-12/31	♏				
2/24-3/19	♈	4/12-5/21	♓										
3/20-4/13	♉	5/22-7/1	♈										
4/14-5/9	♊	7/2-8/14	♉										
5/10-6/6	♋	8/15-10/17	♊										
6/7-7/9	♌	10/18-11/25	♋							☊北交		⚷凱龍	
7/10-9/2	♍	11/26-12/31	♊							1/1-6/12	♐	1/1-12/31	♈
9/3-10/4	♌									6/13-12/31	♏		
10/5-11/9	♍												
11/10-12/7	♎												
12/8-12/31	♏												

1976 年													
♀金星		♂火星		♃木星		♄土星		♅天王星		♆海王星		♇冥王星	
日期	星座	日期	星座	日期	星座	日期	星座	日期	星座	日期	星座	日期	星座
1/1	♏	1/1-3/18	♊	1/1-3/26	♈	1/1-1/14	♌	1/1-12/31	♏	1/1-12/31	♐	1/1-12/31	♎
1/2-1/26	♐	3/19-5/16	♋	3/27-8/23	♉	1/15-6/5	♋						
1/27-2/19	♑	5/17-7/6	♌	8/24-10/16	♊	6/6-12/31	♌						
2/20-3/15	♒	7/7-8/24	♍	10/17-12/31	♉								
3/16-4/8	♓	8/25-10/8	♎										
4/9-5/2	♈	10/9-11/20	♏										
5/3-5/27	♉	11/21-12/31	♐										
5/28-6/20	♊												
6/21-7/14	♋									☊北交		⚷凱龍	
7/15-8/8	♌									1/1- 12/29	♏	1/1- 5/28	♈
8/9-9/1	♍									12/30-12/31	♎	5/29-10/13	♉
9/2-9/26	♎											10/14-12/31	♈
9/27-10/20	♏												
10/21-11/14	♐												
11/15-12/9	♑												
12/10-12/31	♒												

1977年													
♀金星		♂火星		♃木星		♄土星		♅天王星		♆海王星		♇冥王星	
日期	星座	日期	星座	日期	星座	日期	星座	日期	星座	日期	星座	日期	星座
1/1-1/4	♒	1/1	♐	1/1-4/3	♉	1/1-11/16	♌	1/1-12/31	♏	1/1-12/31	♐	1/1-12/31	♎
1/5-2/2	♓	1/2-2/9	♑	4/4-8/20	♊	11/17-12/31	♍						
2/3-6/6	♈	2/10-3/20	♒	8/21-12/31	♋								
6/7-7/6	♉	3/21-4/27	♓										
7/7-8/2	♊	4/28-6/6	♈										
8/3-8/28	♋	6/7-7/17	♉										
8/29-9/22	♌	7/18-9/1	♊							☊北交		⚷凱龍	
9/23-10/17	♍	9/2-10/26	♋							1/1-12/31	♎	1/1-3/28	♈
10/18-11/10	♎	10/27-12/31	♌									3/29-12/31	♉
11/11-12/4	♏												
12/5-12/27	♐												
12/28-12/31	♑												

1978 年													
♀金星		♂火星		♃木星		♄土星		♅天王星		♆海王星		♇冥王星	
日期	星座	日期	星座	日期	星座	日期	星座	日期	星座	日期	星座	日期	星座
1/1-1/20	♑	1/1-1/26	♌	1/1-4/11	♊	1/1-1/5	♍	1/1-12/31	♏	1/1-12/31	♐	1/1-12/31	♎
1/21-2/13	♒	1/27-4/10	♋	4/12-9/5	♋	1/6-7/26	♌						
2/14-3/9	♓	4/11-6/14	♌	9/6-12/31	♌	7/27-12/31	♍						
3/10-4/2	♈	6/15-8/4	♍										
4/3-4/27	♉	8/5-9/19	♎										
4/28-5/22	♊	9/20-11/2	♏										
5/23-6/16	♋	11/3-12/12	♐										
6/17-7/12	♌	12/13-12/31	♑							☊北交		⚷凱龍	
7/13-8/8	♍									1/1- 7/19	♎	1/1- 12/31	♉
8/9-9/7	♎									7/20-12/31	♍		
9/8-12/31	♏												

1979 年													
♀金星		♂火星		♃木星		♄土星		♅天王星		♆海王星		♇冥王星	
日期	星座	日期	星座	日期	星座	日期	星座	日期	星座	日期	星座	日期	星座
1/1-1/7	♏	1/1-1/20	♑	1/1-3/1	♌	1/1-12/31	♍	1/1-12/31	♏	1/1-12/31	♐	1/1-12/31	♎
1/8-2/5	♐	1/21-2/27	♒	3/2-4/20	♋								
2/6-3/3	♑	2/28-4/7	♓	4/21-9/29	♌								
3/4-3/29	♒	4/8-5/16	♈	9/3012/31	♍								
3/30-4/23	♓	5/17-6/26	♉										
4/24-5/18	♈	6/27-8/8	♊										
5/19-6/11	♉	8/9-9/24	♋										
6/12-7/6	♊	9/25-11/19	♌										
7/7-7/30	♋	11/20-12/31	♍										
7/31-8/24	♌									☊北交		⚷凱龍	
8/25-9/17	♍									1/1-12/31	♍	1/1-12/31	♉
9/18-10/11	♎												
10/12-11/4	♏												
11/5-11/28	♐												
11/29-12/22	♑												
12/23-12/31	♒												

1980 年													
♀金星		♂火星		♃木星		♄土星		♅天王星		♆海王星		♇冥王星	
日期	星座	日期	星座	日期	星座	日期	星座	日期	星座	日期	星座	日期	星座
1/1-1/16	♒	1/1-3/11	♍	1/1-10/27	♍	1/1-9/21	♍	1/1-12/31	♏	1/1-12/31	♐	1/1-12/31	♎
1/17-2/9	♓	3/12-5/4	♌	10/28-12/31	♎	9/22-12/31	♎						
2/10-3/6	♈	5/5-7/10	♍										
3/7-4/3	♉	7/11-8/29	♎										
4/4-5/12	♊	8/30-10/12	♏										
5/13-6/5	♋	10/13-11/22	♐										
6/6-8/6	♊	11/23-12/30	♑							☊北交		⚷凱龍	
8/7-9/7	♋	12/31	♒							1/1- 2/5	♍	1/1- 12/31	♉
9/8-10/4	♌									2/6-12/31	♌		
10/5-10/30	♍												
10/31-11/24	♎												
11/25-12/18	♏												
12/19-12/31	♐												

1981 年													
♀金星		♂火星		♃木星		♄土星		♅天王星		♆海王星		♇冥王星	
日期	星座	日期	星座	日期	星座	日期	星座	日期	星座	日期	星座	日期	星座
1/1-1/11	♐	1/1-2/6	♒	1/1-11/27	♎	1/1-12/31	♎	1/1-2/16	♏	1/1-12/31	♐	1/1-12/31	♎
1/12-2/4	♑	2/7-3/17	♓	11/28-12/31	♏			2/17-3/21	♐				
2/5-2/28	♒	3/18-4/25	♈					3/22-11/16	♏				
3/1-3/24	♓	4/26-6/5	♉					11/17-12/31	♐				
3/25-4/17	♈	6/6-7/18	♊										
4/18-5/11	♉	7/19-9/2	♋										
5/12-6/5	♊	9/3-10/21	♌										
6/6-6/29	♋	10/22-12/16	♍										
6/30-7/24	♌	12/17-12/31	♎							☊北交		⚷凱龍	
7/25-8/18	♍									1/1- 8/25	♌	1/1- 12/31	♉
8/19-9/12	♎									8/26-12/31	♋		
9/13-10/9	♏												
10/10-11/5	♐												
11/6-12/8	♑												
12/8-12/31	♒												

1982 年													
♀金星		♂火星		♃木星		♄土星		♅天王星		♆海王星		♇冥王星	
日期	星座	日期	星座	日期	星座	日期	星座	日期	星座	日期	星座	日期	星座
1/1-1/23	♒	1/1-8/3	♎	1/1-12/26	♏	1/1-11/29	♎	1/1-12/31	♐	1/1-12/31	♐	1/1-12/31	♎
1/24-3/2	♑	8/4-9/20	♏	12/27-12/31	♐	11/30-12/31	♏						
3/3-4/6	♒	9/21-10/31	♐										
4/7-5/4	♓	11/1-12/10	♑										
5/5-5/30	♈	12/11-12/31	♒										
5/31-6/25	♉									☊北交		⚷凱龍	
6/26-7/20	♊									1/1- 12/31	♋	1/1- 12/31	♉
7/21-8/14	♋												
8/15-9/7	♌												
9/8-10/2	♍												
10/3-10/26	♎												
10/27-11/18	♏												
11/19-12/12	♐												
12/13-12/31	♑												

1983 年													
♀金星		♂火星		♃木星		♄土星		♅天王星		♆海王星		♇冥王星	
日期	星座	日期	星座	日期	星座	日期	星座	日期	星座	日期	星座	日期	星座
1/1-1/5	♑	1/1-1/17	♒	1/1-12/31	♐	1/1-5/6	♏	1/1-12/31	♐	1/1-12/31	♐	1/1-11/5	♎
1/6-1/29	♒	1/18-2/25	♓			5/7-8/24	♎					11/6-12/31	♏
1/30-2/22	♓	2/26-4/5	♈			8/25-12/31	♏						
2/23-3/19	♈	4/6-5/16	♉										
3/20-4/13	♉	5/17-6/29	♊										
4/14-5/9	♊	6/30-8/13	♋										
5/10-6/6	♋	8/14-9/30	♌							☊北交		⚷凱龍	
6/7-7/10	♌	10/1-11/18	♍							1/1-3/14	♋	1/1-6/21	♉
7/11-8/27	♍	11/19-12/31	♎							3/15-12/31	♊	6/22-11/29	♊
8/28-10/5	♌											11/30-12/31	♉
10/6-11/9	♍												
11/10-12/6	♎												
12/7-12/31	♏												

1984 年

♀金星		♂火星		♃木星		♄土星		♅天王星		♆海王星		♇冥王星	
日期	星座	日期	星座	日期	星座	日期	星座	日期	星座	日期	星座	日期	星座
1/1	♏	1/1-1/11	♎	1/1-1/19	♐	1/1-12/31	♏	1/1-12/31	♐	1/1-1/18	♐	1/1-5/18	♏
1/2-1/25	♐	1/12-8/17	♏	1/20-12/31	♑					1/19-6/23	♑	5/19-8/27	♎
1/26-2/19	♑	8/18-10/15	♐							6/24-11/21	♐	8/28-12/31	♏
2/20-3/14	♒	10/16-11/15	♑							11/22-12/31	♑		
3/15-4/7	♓	11/16-12/25	♒										
4/8-5/2	♈	12/26-12/31	♓										
5/3-5/26	♉												
5/27-6/20	♊												
6/21-7/14	♋												
7/15-8/7	♌									☊北交		⚷凱龍	
8/8-9/1	♍									1/1-10/1	♊	1/1-4/11	♉
9/2-9/25	♎									10/2-12/31	♉	4/12-12/31	♊
9/26-10/20	♏												
10/21-11/13	♐												
11/14-12/9	♑												
12/10-12/31	♒												

1985年													
♀金星		♂火星		♃木星		♄土星		♅天王星		♆海王星		♇冥王星	
日期	星座	日期	星座	日期	星座	日期	星座	日期	星座	日期	星座	日期	星座
1/1-1/4	♒	1/1-2/2	♓	1/1-2/6	♑	1/1-11/17	♏	1/1-12/31	♐	1/1-12/31	♑	1/1-12/31	♏
1/5-2/2	♓	2/3-3/15	♈	2/7-12/31	♒	11/18-12/31	♐						
2/3-6/6	♈	3/16-4/26	♉										
6/7-7/6	♉	4/27-6/9	♊										
7/7-8/2	♊	6/10-7/25	♋										
8/3-8/28	♋	7/26-9/10	♌										
8/29-9/22	♌	9/11-10/27	♍							☊北交		⚷凱龍	
9/23-10/16	♍	10/28-12/14	♎							1/1- 12/31	♉	1/1- 12/31	♊
10/17-11/9	♎	12/15-12/31	♏										
11/10-12/3	♏												
12/4-12/27	♐												
12/28-12/31	♑												

1986 年													
♀金星		♂火星		♃木星		♄土星		♅天王星		♆海王星		♇冥王星	
日期	星座	日期	星座	日期	星座	日期	星座	日期	星座	日期	星座	日期	星座
1/1-1/20	♑	1/1-2/2	♏	1/1-2/20	♒	1/1-12/31	♐	1/1-12/31	♐	1/1-12/31	♑	1/1-12/31	♏
1/21-2/13	♒	2/3-3/28	♐	2/21-12/31	♓								
2/14-3/9	♓	3/29-10/9	♑										
3/10-4/2	♈	10/10-11/26	♒										
4/3-4/26	♉	11/27-12/31	♓										
4/27-5/21	♊									☊北交		⚷凱龍	
5/22-6/15	♋									1/1- 4/20	♉	1/1- 12/31	♊
6/16-7/11	♌									4/21-12/31	♈		
7/12-8/7	♍												
8/8-9/7	♎												
9/8-12/31	♏												

1987年													
♀金星		♂火星		♃木星		♄土星		♅天王星		♆海王星		♇冥王星	
日期	星座	日期	星座	日期	星座	日期	星座	日期	星座	日期	星座	日期	星座
1/1-1/7	♏	1/1-1/8	♓	1/1-3/2	♓	1/1-12/31	♐	1/1-12/31	♐	1/1-12/31	♑	1/1-12/31	♏
1/8-2/5	♐	1/9-2/20	♈	3/3-12/31	♈								
2/6-3/3	♑	2/21-4/5	♉										
3/4-3/28	♒	4/6-5/21	♊										
3/29-4/22	♓	5/22-7/6	♋										
4/23-5/17	♈	7/7-8/22	♌										
5/18-6/11	♉	8/23-10/8	♍										
6/12-7/5	♊	10/9-11/24	♎										
7/6-7/30	♋	11/25-12/31	♏							☊北交		⚷凱龍	
7/31-8/23	♌									1/1-11/8	♈	1/1-12/31	♊
8/24-9/16	♍									11/9-12/31	♓		
9/17-10/10	♎												
10/11-11/3	♏												
11/4-11/28	♐												
11/29-12/22	♑												
12/23-12/31	♒												

1988 年													
♀金星		♂火星		♃木星		♄土星		♅天王星		♆海王星		♇冥王星	
日期	星座	日期	星座	日期	星座	日期	星座	日期	星座	日期	星座	日期	星座
1/1-1/15	♒	1/1-1/8	♏	1/1-3/8	♈	1/1-2/13	♐	1/1-2/15	♐	1/1-12/31	♑	1/1-12/31	♏
1/16-2/9	♓	1/9-2/22	♐	3/9-7/21	♉	2/14-6/10	♑	2/16-5/27	♑				
2/10-3/6	♈	2/23-4/6	♑	7/22-11/30	♊	6/11-11/12	♐	5/28-12/2	♐				
3/7-4/3	♉	4/7-5/22	♒	12/1-12/31	♉	11/13-12/31	♑	12/3-12/31	♑				
4/4-5/17	♊	5/23-7/13	♓										
5/18-5/27	♋	7/14-10/23	♈										
5/28-8/6	♊	10/24-11/1	♓							☊北交		⚷凱龍	
8/7-9/7	♋	11/2-12/31	♈							1/1- 12/31	♓	1/1- 6/21	♊
9/8-10/4	♌											6/22-12/31	♋
10/5-10/29	♍												
10/30-11/23	♎												
11/24-12/17	♏												
12/18-12/31	♐												

1989 年													
♀金星		♂火星		♃木星		♄土星		♅天王星		♆海王星		♇冥王星	
日期	星座	日期	星座	日期	星座	日期	星座	日期	星座	日期	星座	日期	星座
1/1-1/10	♐	1/1-1/19	♈	1/1-3/11	♉	1/1-12/31	♑	1/112/31	♑	1/1-12/31	♑	1/1-12/31	♏
1/11-2/3	♑	1/20-3/11	♉	3/12-7/30	♊								
2/4-2/27	♒	3/12-4/29	♊	7/31-12/31	♋								
2/28-3/23	♓	4/30-6/16	♋										
3/24-4/16	♈	6/17-8/3	♌										
4/17-5/11	♉	8/4-9/19	♍										
5/12-6/4	♊	9/20-11/4	♎										
6/5-6/29	♋	11/5-12/18	♏							☊北交		⚷凱龍	
6/30-7/24	♌	12/19-12/31	♐							1/1- 5/28	♓	1/1- 12/31	♋
7/25-8/18	♍									5/29-12/31	♒		
8/19-9/12	♎												
9/13-10/8	♏												
10/9-11/5	♐												
11/6-12/10	♑												
12/11-12/31	♒												

1990 年													
♀金星		♂火星		♃木星		♄土星		♅天王星		♆海王星		♇冥王星	
日期	星座	日期	星座	日期	星座	日期	星座	日期	星座	日期	星座	日期	星座
1/1-1/16	♒	1/1-1/29	♐	1/1-8/18	♋	1/1-12/31	♑	1/1-12/31	♑	1/1-12/31	♑	1/1-12/31	♏
1/17-3/3	♑	1/30-3/11	♑	8/19-12/31	♌								
3/4-4/6	♒	3/12-4/20	♒										
4/7-5/4	♓	4/21-5/31	♓										
5/5-5/30	♈	6/1-7/12	♈										
5/31-6/25	♉	7/13-8/31	♉										
6/26-7/20	♊	9/1-12/14	♊							☊北交		⚷凱龍	
7/21-8/13	♋	12/15-12/31	♉							1/1- 12/15	♒	1/1- 12/31	♋
8/14-9/7	♌									12/16-12/31	♑		
9/8-10/1	♍												
10/2-10/25	♎												
10/26-11/18	♏												
11/19-12/12	♐												
12/13-12/31	♑												

1991年													
♀金星		♂火星		♃木星		♄土星		♅天王星		♆海王星		♇冥王星	
日期	星座	日期	星座	日期	星座	日期	星座	日期	星座	日期	星座	日期	星座
1/1-1/5	♑	1/1-1/21	♉	1/1-9/12	♌	1/1-2/6	♑	1/1-12/31	♑	1/1-12/31	♑	1/1-12/31	♏
1/6-1/29	♒	1/22-4/3	♊	9/13-12/31	♍	2/7-12/31	♒						
1/30-2/22	♓	4/4-5/26	♋										
2/23-3/18	♈	5/27-7/15	♌										
3/19-4/13	♉	7/16-9/1	♍										
4/14-5/9	♊	9/2-10/16	♎										
5/10-6/6	♋	10/17-11/29	♏										
6/7-7/11	♌	11/30-12/31	♐										
7/12-8/21	♍									☊北交		⚷凱龍	
8/22-10/6	♌									1/1-12/31	♑	1/1-7/21	♋
10/7-11/9	♍											7/22-12/31	♌
11/10-12/6	♎												
12/7-12/31	♏												

1992 年													
♀金星		♂火星		♃木星		♄土星		♅天王星		♆海王星		♇冥王星	
日期	星座	日期	星座	日期	星座	日期	星座	日期	星座	日期	星座	日期	星座
1/1-1/25	♐	1/1-1/9	♐	1/1-10/10	♍	1/1-12/31	♒	1/1-12/31	♑	1/1-12/31	♑	1/1-12/31	♏
1/26-2/18	♑	1/10-2/18	♑	10/11-12/31	♎								
2/19-3/13	♒	2/19-3/28	♒										
3/14-4/7	♓	3/29-5/5	♓										
4/8-5/1	♈	5/6/-6/14	♈										
5/2-5/26	♉	6/15-7/26	♉										
5/27-6/19	♊	7/27-9/12	♊							☊北交		⚷凱龍	
6/20-7/13	♋	9/13-12/31	♋							1/1-7/4	♑	1/1-12/31	♌
7/14-8/7	♌									7/5-12/31	♐		
8/8-8/31	♍												
9/1-9/25	♎												
9/26-10/19	♏												
10/20-11/13	♐												
11/14-12/8	♑												
12/9-12/31	♒												

1993年													
♀金星		♂火星		♃木星		♄土星		♅天王星		♆海王星		♇冥王星	
日期	星座	日期	星座	日期	星座	日期	星座	日期	星座	日期	星座	日期	星座
1/1-1/3	♒	1/1-4/27	♋	1/1-11/10	♎	1/1-5/20	♒	1/1-12/31	♑	1/1-12/31	♑	1/1-12/31	♏
1/4-2/2	♓	4/28-6/23	♌	11/11-12/31	♏								
2/3-6/6	♈	6/24-8/12	♍										
6/7-7/6	♉	8/13-9/27	♎										
7/7-8/1	♊	9/28-11/9	♏										
8/2-8/27	♋	11/10-12/20	♐										
8/28-9/21	♌	12/21-12/31	♑										
9/22-10/16	♍												
10/17-11/9	♎									☊北交		⚷凱龍	
11/10-12/2	♏									1/1-12/31	♐	1/1-9/3	♌
12/3-12/26	♐											9/4-12/31	♍
12/27-12/31	♑												

1994 年													
♀金星		♂火星		♃木星		♄土星		♅天王星		♆海王星		♇冥王星	
日期	星座	日期	星座	日期	星座	日期	星座	日期	星座	日期	星座	日期	星座
1/1-1/19	♑	1/1-1/28	♑	1/1-12/9	♏	1/1-1/28	♒	1/1-12/31	♑	1/1-12/31	♑	1/1-12/31	♏
1/20-2/12	♒	1/29-3/7	♒	12/10-12/31	♐	1/29-12/31	♓						
2/13-3/8	♓	3/8-4/14	♓										
3/9-4/1	♈	4/15-5/23	♈										
4/2-4/26	♉	5/24-7/3	♉										
4/27-5/21	♊	7/4-8/16	♊										
5/22-6/15	♋	8/17-10/4	♋							☊北交		⚷凱龍	
6/16-7/11	♌	10/5-12/12	♌							1/1- 1/21	♐	1/1- 12/31	♍
7/12-8/7	♍	12/13-12/31	♍							1/22-12/31	♏		
8/8-9/7	♎												
9/8-12/31	♏												

1995 年													
♀金星		♂火星		♃木星		♄土星		♅天王星		♆海王星		♇冥王星	
日期	星座	日期	星座	日期	星座	日期	星座	日期	星座	日期	星座	日期	星座
1/1-1/7	♏	1/1-1/22	♍	1/1-12/31	♐	1/1-12/31	♓	1/1-12/31	♑	1/1-12/31	♑	1/1-1/17	♏
1/8-2/4	♐	1/23-5/25	♌									1/18-4/21	♐
2/5-3/2	♑	5/26-7/21	♍									4/22-11/10	♏
3/3-3/28	♒	7/22-9/7	♎									11/11-12/31	♐
3/29-4/22	♓	9/8-10/20	♏										
4/23-5/16	♈	10/21-11/30	♐										
5/17-6/10	♉	12/1-12/31	♑										
6/11-7/5	♊												
7/6-7/29	♋									☊北交		⚷凱龍	
7/30-8/23	♌									1/1-8/11	♏	1/1-9/9	♍
8/24-9/16	♍									8/12-12/31	♎	9/10-12/31	♎
9/17-10/10	♎												
10/11-11/3	♏												
11/4-11/27	♐												
11/28-12/21	♑												
12/22-12/31	♒												

1996 年													
♀金星		♂火星		♃木星		♄土星		♅天王星		♆海王星		♇冥王星	
日期	星座	日期	星座	日期	星座	日期	星座	日期	星座	日期	星座	日期	星座
1/1-1/15	♒	1/1-1/8	♑	1/1-1/3	♐	1/1-4/7	♓	1/1-1/12	♑	1/1-12/31	♑	1/1-12/31	♐
1/16-2/9	♓	1/9-2/15	♒	1/4-12/31	♑	4/8-12/31	♈	1/13-12/31	♒				
2/10-3/6	♈	2/16-3/24	♓										
3/7-4/3	♉	3/25-5/2	♈										
4/4-8/7	♊	5/3-6/12	♉										
8/8-9/7	♋	6/13-7/25	♊										
9/8-10/4	♌	7/26-9/9	♋										
10/5-10/29	♍	9/10-10/30	♌							☊北交		⚷凱龍	
10/30-11/23	♎	10/31-12/31	♍							1/1- 12/31	♎	1/1- 12/29	♎
11/24-12/17	♏											12/30-12/31	♏
12/18-12/31	♐												

1997 年													
♀金星		♂火星		♃木星		♄土星		♅天王星		♆海王星		♇冥王星	
日期	星座	日期	星座	日期	星座	日期	星座	日期	星座	日期	星座	日期	星座
1/1-1/10	♐	1/1-1/3	♍	1/1-1/21	♑	1/1-12/31	♈	1/1-12/31	♒	1/1-12/31	♑	1/1-12/31	♐
1/11-2/3	♑	1/4-3/8	♎	1/22-12/31	♒								
2/4-2/27	♒	3/9-6/19	♍										
2/28-3/23	♓	6/20-8/14	♎										
3/24-4/16	♈	8/15-9/28	♏										
4/17-5/10	♉	9/29-11/9	♐										
5/11-6/4	♊	11/10-12/18	♑										
6/5-6/28	♋	12/19-12/31	♒							☊北交		⚷凱龍	
6/29-7/23	♌									1/1- 2/27	♎	1/1- 4/4	♏
7/24-8/17	♍									4/14-12/31	♍	4/5-9/3	♎
8/18-9/12	♎											9/4-12/31	♏
9/13-10/8	♏												
10/9-11/5	♐												
11/6-12/12	♑												
12/13-12/31	♒												

1998 年													
♀金星		♂火星		♃木星		♄土星		♅天王星		♆海王星		♇冥王星	
日期	星座	日期	星座	日期	星座	日期	星座	日期	星座	日期	星座	日期	星座
1/1-1/9	♒	1/1-1/25	♒	1/1-2/4	♒	1/1-6/9	♈	1/1-12/31	♒	1/1-1/29	♑	1/1-12/31	♐
1/10-3/4	♑	1/26-3/4	♓	2/5-12/31	♓					1/30-12/31	♒		
3/5-4/6	♒	3/5-4/13	♈										
4/7-5/3	♓	4/14-5/24	♉										
5/4-5/29	♈	5/25-7/6	♊										
5/30-6/24	♉	7/7-8/20	♋										
6/25-7/19	♊	8/21-10/7	♌										
7/20-8/13	♋	10/8-11/27	♍										
8/14-9/6	♌	11/28-12/31	♎							☊北交		⚷凱龍	
9/7-9/30	♍									1/1- 9/17	♍	1/1- 12/31	♏
10/1-10/24	♎									9/18-12/31	♌		
10/25-11/17	♏												
11/18-12/11	♐												
12/12-12/31	♑												

1999 年													
♀金星		♂火星		♃木星		♄土星		♅天王星		♆海王星		♇冥王星	
日期	星座	日期	星座	日期	星座	日期	星座	日期	星座	日期	星座	日期	星座
1/1-1/4	♑	1/1-1/26	♎	1/1-2/13	♓	1/1-3/1	♈	1/1-12/31	♒	1/1-12/31	♒	1/1-12/31	♐
1/5-1/28	♒	1/27-5/5	♏	2/14-6/28	♈	3/2-12/31	♉						
1/29-2/21	♓	5/6-7/5	♎	6/29-10/23	♉								
2/22-3/18	♈	7/6-9/2	♏	10/24-12/31	♈								
3/19-4/12	♉	9/3-10/17	♐										
4/13-5/8	♊	10/18-11/26	♑										
5/9-6/5	♋	11/27-12/31	♒										
6/6-7/12	♌									☊北交		⚷凱龍	
7/13-8/15	♍									1/1-12/31	♌	1/1-1/7	♏
8/16-10/7	♌											1/8-6/1	♐
10/8-11/9	♍											6/2-9/22	♏
11/10-12/5	♎											9/23-12/31	♐
12/6-12/31	♏												

2000 年													
♀金星		♂火星		♃木星		♄土星		♅天王星		♆海王星		♇冥王星	
日期	星座	日期	星座	日期	星座	日期	星座	日期	星座	日期	星座	日期	星座
1/1-1/24	♐	1/1-1/4	♒	1/1-2/14	♈	1/1-8/10	♉	1/1-12/31	♒	1/1-12/31	♒	1/1-12/31	♐
1/25-2/18	♑	1/5-2/12	♓	2/15-6/30	♉	8/11-10/16	♊						
2/19-3/13	♒	2/13-3/23	♈	7/1-12/31	♊	10/17-12/31	♉						
3/14-4/6	♓	3/24-5/3	♉										
4/7-5/1	♈	5/4-6/16	♊										
5/2-5/25	♉	6/17-8/1	♋										
5/26-6/18	♊	8/2-9/17	♌							☊北交		⚷凱龍	
6/19-7/13	♋	9/18-11/4	♍							1/1-4/5	♌	1/1-12/31	♐
7/14-8/6	♌	11/5-12/23	♎							4/6-12/31	♋		
8/7-8/31	♍	12/24-12/31	♏										
9/1-9/24	♎												
9/25-10/19	♏												
10/20-11/13	♐												
11/14-12/8	♑												
12/9-12/31	♒												

2001年													
♀金星		♂火星		♃木星		♄土星		♅天王星		♆海王星		♇冥王星	
日期	星座	日期	星座	日期	星座	日期	星座	日期	星座	日期	星座	日期	星座
1/1-1/3	♒	1/1-2/14	♏	1/1-7/13	♊	1/1-4/20	♉	1/1-12/31	♒	1/1-12/31	♒	1/1-12/31	♐
1/04-2/2	♓	2/15-9/8	♐	7/14-12/31	♋	4/21-12/31	♊						
2/3-6/06	♈	9/9-10/27	♑										
6/07-7/05	♉	10/28-12/8	♒										
7/06-8/01	♊	12/9-12/31	♓										
8/02-8/27	♋												
8/28-9/21	♌												
9/22-10/15	♍												
10/16-11/08	♎									☊北交		⚷凱龍	
11/09-12/02	♏									1/1-10/24	♋	1/1-12/11	♐
12/03-12/26	♐									10/25-12/31	♊	12/12-12/31	♑
12/27-12/31	♑												

2002 年													
♀金星		♂火星		♃木星		♄土星		♅天王星		♆海王星		♇冥王星	
日期	星座	日期	星座	日期	星座	日期	星座	日期	星座	日期	星座	日期	星座
1/1-1/19	♑	1/1-1/18	♓	1/1-8/1	♋	1/1-12/31	♊	1/1-12/31	♒	1/1-12/31	♒	1/1-12/31	♐
1/20-2/12	♒	1/19-3/1	♈	8/2-12/31	♌								
2/13-3/8	♓	3/2-4/13	♉										
3/9-4/1	♈	4/14-5/28	♊										
4/2-4/25	♉	5/29-7/13	♋										
4/26-5/20	♊	7/14-8/29	♌										
5/21-6/14	♋	8/30-10/15	♍							☊北交		⚷凱龍	
6/15-7/10	♌	10/16-12/1	♎							1/1- 12/31	♊	1/1- 12/31	♑
7/11-8/7	♍	12/2-12/31	♏										
8/8-9/8	♎												
9/9-12/31	♏												

2003年													
♀金星		♂火星		♃木星		♄土星		♅天王星		♆海王星		♇冥王星	
日期	星座	日期	星座	日期	星座	日期	星座	日期	星座	日期	星座	日期	星座
1/1-1/7	♏	1/1-1/17	♏	1/1-8/27	♌	1/1-6/4	♊	1/1-3/10	♒	1/1-12/31	♒	1/1-12/31	♐
1/8-2/4	♐	1/18-3/4	♐	8/28-12/31	♍	6/5-12/31	♋	3/11-9/15	♓				
2/5-3/2	♑	3/5-4/21	♑					9/16-12/30	♒				
3/3-3/27	♒	4/22-6/17	♒					12/31～	♓				
3/28-4/21	♓	6/18-12/16	♓										
4/22-5/16	♈	12/17-12/31	♈										
5/17-6/10	♉												
6/11-7/4	♊												
7/5-7/29	♋									☊北交		⚷凱龍	
7/30-8/22	♌									1/1- 5/13	♊	1/1- 12/31	♑
8/23-9/15	♍									5/14-12/31	♉		
9/16-10/9	♎												
10/10-11/2	♏												
11/3-11/27	♐												
11/28-12/21	♑												
12/22-12/31	♒												

2004 年													
♀金星		♂火星		♃木星		♄土星		♅天王星		♆海王星		♇冥王星	
日期	星座	日期	星座	日期	星座	日期	星座	日期	星座	日期	星座	日期	星座
1/1-1/14	♒	1/1-2/3	♈	1/1-12/31	♍	1/1-12/31	♋	1/1-12/31	♓	1/1-12/31	♒	1/1-12/31	♐
1/15-2/8	♓	2/4-3/21	♉	9/26-12/31	♎								
2/9-3/5	♈	3/22-5/7	♊										
3/6-4/3	♉	5/8-6/23	♋										
4/4-8/7	♊	6/24-8/10	♌										
8/8-9/6	♋	8/11-9/26	♍										
9/7-10/3	♌	9/27-11/11	♎							☊北交		⚷凱龍	
10/4-10/29	♍	11/12-12/25	♏							1/1- 11/30	♉	1/1- 12/31	♑
10/30-11/22	♎	12/26-12/31	♐							12/1-12/31	♈		
11/23-12/16	♏												
12/17-12/31	♐												

2005 年													
♀金星		♂火星		♃木星		♄土星		♅天王星		♆海王星		♇冥王星	
日期	星座	日期	星座	日期	星座	日期	星座	日期	星座	日期	星座	日期	星座
1/1-1/9	♐	1/1-2/6	♐	1/1-10/26	♎	1/1-7/16	♋	1/1-12/31	♓	1/1-12/31	♒	1/1-12/31	♐
1/10-2/2	♑	2/7-3/20	♑	10/27-12/31	♏	7/17-12/31	♌						
2/3-2/26	♒	3/21-5/1	♒										
2/27-3/22	♓	5/2-6/12	♓										
3/23-4/15	♈	6/13-7/28	♈										
4/16-5/10	♉	7/29-12/31	♉										
5/11-6/3	♊												
6/4-6/28	♋												
6/29-7/23	♌									☊北交		⚷凱龍	
7/24-8/17	♍									1/1- 12/31	♈	1/1- 2/21	♑
8/18-9/11	♎											2/22-8/1	♒
9/12-10/8	♏											8/2-12/6	♑
10/9-11/5	♐											12/7-12/31	♒
11/6-12/15	♑												
12/16-12/31	♒												

2006 年													
♀金星		♂火星		♃木星		♄土星		♅天王星		♆海王星		♇冥王星	
日期	星座	日期	星座	日期	星座	日期	星座	日期	星座	日期	星座	日期	星座
1/1	♒	1/1-2/17	♉	1/1-11/24	♏	1/1-12/31	♌	1/1-12/31	♓	1/1-12/31	♒	1/1-12/31	♐
1/2-3/5	♑	2/18-4/14	♊	11/25-12/31	♐								
3/6-4/6	♒	4/15-6/3	♋										
4/7-5/3	♓	6/4-7/22	♌										
5/4-5/29	♈	7/23-9/8	♍										
5/30-6/24	♉	9/9-10/23	♎										
6/25-7/19	♊	10/24-12/6	♏							☊北交		⚷凱龍	
7/20-8/12	♋	12/7-12/31	♐							1/1-6/19	♈	1/1-12/31	♒
8/13-9/6	♌									6/20-12/31	♓		
9/7-9/30	♍												
10/1-10/24	♎												
10/25-11/17	♏												
11/18-12/11	♐												
12/12-12/31	♑												

2007年													
♀金星		♂火星		♃木星		♄土星		♅天王星		♆海王星		♇冥王星	
日期	星座	日期	星座	日期	星座	日期	星座	日期	星座	日期	星座	日期	星座
1/1-1/4	♑	1/1-1/16	♐	1/1-12/18	♐	1/1-9/2	♌	1/1-12/31	♓	1/1-12/31	♒	1/1-12/31	♐
1/5-1/28	♒	1/17-2/26	♑	12/19-12/31	♑	9/3-12/31	♍						
1/29-2/21	♓	2/27-4/6	♒										
2/22-3/17	♈	4/7-5/15	♓										
3/18-4/12	♉	5/16-6/24	♈										
4/13-5/8	♊	6/25-8/7	♉										
5/9-6/5	♋	8/8-9/28	♊										
6/6-7/14	♌	9/29-12/31	♋										
7/15-8/9	♍									☊北交		⚷凱龍	
8/10-10/8	♌									1/1- 12/31	♓	1/1-12/31	♒
10/9-11/8	♍												
11/9-12/5	♎												
12/6-12/30	♏												
12/31	♐												

2008 年													
♀金星		♂火星		♃木星		♄土星		♅天王星		♆海王星		♇冥王星	
日期	星座	日期	星座	日期	星座	日期	星座	日期	星座	日期	星座	日期	星座
1/1-1/24	♐	1/1-3/4	♊	1/1-12/31	♑	1/1-12/31	♍	1/1-12/31	♓	1/1-12/31	♒	1/1-1/26	♐
1/25-2/17	♑	3/5-5/9	♋									1/27-6/14	♑
2/18-3/12	♒	5/10-7/1	♌									6/15-11/27	♐
3/13-4/6	♓	7/2-8/19	♍									11/28-12/31	♑
4/7-4/30	♈	8/20-10/4	♎										
5/1-5/24	♉	10/5-11/16	♏										
5/25-6/18	♊	11/17-12/27	♐							☊北交		⚷凱龍	
6/19-7/12	♋	12/28-12/31	♑							1/1- 1/7	♓	1/1- 12/31	♒
7/13-8/6	♌									1/8-12/31	♒		
8/7-8/30	♍												
8/31-9/24	♎												
9/25-10/18	♏												
10/19-11/12	♐												
11/13-12/7	♑												
12/8-12/31	♒												

2009 年													
♀金星		♂火星		♃木星		♄土星		♅天王星		♆海王星		♇冥王星	
日期	星座	日期	星座	日期	星座	日期	星座	日期	星座	日期	星座	日期	星座
1/1-1/3	♒	1/1-2/4	♑	1/1-1/5	♑	1/1-10/29	♍	1/1-12/31	♓	1/1-12/31	♒	1/1-12/31	♑
1/4-2/3	♓	2/5-3/15	♒	1/6-12/31	♒	10/30-12/31	♎						
2/4-4/11	♈	3/16-4/22	♓										
4/12-4/24	♓	4/23-5/31	♈										
4/25-6/6	♈	6/1-7/12	♉										
6/7-7/5	♉	7/13-8/25	♊										
7/6-8/1	♊	8/26-10/16	♋										
8/2-8/26	♋	10/17-12/31	♌										
8/27-9/20	♌									☊北交		⚷凱龍	
9/21-10/14	♍									1/1-7/27	♒	1/1-12/31	♒
10/15-11/8	♎									7/28-12/31	♑		
11/9-12/1	♏												
12/2-12/25	♐												
12/26-12/31	♑												

2010 年													
♀金星		♂火星		♃木星		♄土星		♅天王星		♆海王星		♇冥王星	
日期	星座	日期	星座	日期	星座	日期	星座	日期	星座	日期	星座	日期	星座
1/1-1/18	♑	1/1-6/7	♌	1/1-1/18	♒	1/1-4/7	♎	1/1-5/28	♓	1/1-12/31	♒	1/1-12/31	♑
1/19-2/11	♒	6/8-7/29	♍	1/19-6/6	♓	4/8-7/21	♍	5/29-8/14	♈				
2/12-3/7	♓	7/30-9/14	♎	6/7-9/9	♈	7/22-12/31	♎	8/15-12/31	♓				
3/8-3/31	♈	9/15-10/28	♏	9/10-12/31	♓								
4/1-4/25	♉	10/29-12/7	♐										
4/26-5/20	♊	12/8-12/31	♑										
5/21-6/14	♋									☊北交		⚷凱龍	
6/15-7/10	♌									1/1-12/31	♑	1/1- 4/20	♒
7/11-8/7	♍											4/21-7/20	♓
8/8-9/8	♎											7/21-12/31	♒
9/9-11/8	♏												
11/9-11/30	♎												
12/1-12/31	♏												

2011年													
♀金星		♂火星		♃木星		♄土星		♅天王星		♆海王星		♇冥王星	
日期	星座	日期	星座	日期	星座	日期	星座	日期	星座	日期	星座	日期	星座
1/1-1/7	♏	1/1-1/15	♑	1/1-1/22	♓	1/1-12/31	♎	1/1-3/12	♓	1/1-4/4	♒	1/1-12/31	♑
1/8-2/4	♐	1/16-2/23	♒	1/23-6/4	♈			3/13-12/31	♈	4/5-8/5	♓		
2/5-3/2	♑	2/24-4/2	♓	6/5-12/31	♉					8/6-12/31	♒		
3/3-3/27	♒	4/3-5/11	♈										
3/28-4/21	♓	5/12-6/21	♉										
4/22-5/15	♈	6/22-8/3	♊										
5/16-6/9	♉	8/4-9/19	♋										
6/10-7/4	♊	9/20-11/11	♌										
7/5-7/28	♋	11/12-12/31	♍							☊北交		⚷凱龍	
7/29-8/21	♌									1/1-2/13	♑	1/1-2/8	♒
8/22-9/15	♍									2/14-12/31	♐	2/9-12/31	♓
9/16-10/9	♎												
10/10-11/2	♏												
11/3-11/26	♐												
11/27-12/20	♑												
12/21-12/31	♒												

2012年													
♀金星		♂火星		♃木星		♄土星		♅天王星		♆海王星		♇冥王星	
日期	星座	日期	星座	日期	星座	日期	星座	日期	星座	日期	星座	日期	星座
1/1-1/14	♒	1/1-7/3	♍	1/1-6/11	♉	1/1-10/5	♎	1/1-12/31	♈	1/1-2/3	♒	1/1-12/31	♑
1/15-2/8	♓	7/4-8/23	♎	6/12-12/31	♊	10/6-12/31	♏			2/4-12/31	♓		
2/9-3/5	♈	8/24-10/7	♏										
3/6-4/3	♉	10/8-11/17	♐										
4/4-8/7	♊	11/18-12/26	♑										
8/8-9/6	♋	12/27-12/31	♒										
9/7-10/3	♌									☊北交		⚷凱龍	
10/4-10/28	♍									1/1-9/2	♐	1/1-12/31	♓
10/29-11/22	♎									9/3-12/31	♏		
11/23-12/16	♏												
12/17-12/31	♐												

2013年													
♀金星		♂火星		♃木星		♄土星		♅天王星		♆海王星		♇冥王星	
日期	星座	日期	星座	日期	星座	日期	星座	日期	星座	日期	星座	日期	星座
1/1-1/9	♐	1/1-2/2	♒	1/1-6/26	♊	1/1-12/31	♏	1/1-12/31	♈	1/1-12/31	♓	1/1-12/31	♑
1/10-2/2	♑	2/3-3/12	♓	6/27-12/31	♋								
2/3-2/26	♒	3/13-4/20	♈										
2/27-3/22	♓	4/21-5/31	♉										
3/23-4/15	♈	6/1-7/13	♊										
4/16-5/9	♉	7/14-8/28	♋										
5/10-6/3	♊	8/29-10/15	♌										
6/4-6/27	♋	10/16-12/7	♍										
6/28-7/22	♌	12/8-12/31	♎							☊北交		⚷凱龍	
7/23-8/16	♍									1/1-12/31	♏	1/1-12/31	♓
8/17-9/11	♎												
9/12-10/7	♏												
10/8-11/5	♐												
11/6-12/31	♑												

2014 年													
♀金星		♂火星		♃木星		♄土星		♅天王星		♆海王星		♇冥王星	
日期	星座	日期	星座	日期	星座	日期	星座	日期	星座	日期	星座	日期	星座
1/1-3/5	♑	1/1-7/26	♎	1/1-7/16	♋	1/1-12/23	♏	1/1-12/31	♈	1/1-12/31	♓	1/1-12/31	♑
3/6-4/5	♒	7/27-9/13	♏	7/17-12/31	♌	12/24-12/31	♐						
4/6-5/3	♓	9/14-10/26	♐										
5/4-5/29	♈	10/27-12/4	♑										
5/30-6/23	♉	12/5-12/31	♒										
6/24-7/18	♊												
7/19-8/12	♋									☊北交		⚷凱龍	
8/13-9/5	♌									1/1-3/22	♏	1/1- 12/31	♓
9/6-9/29	♍									3/23-12/31	♎		
9/30-10/23	♎												
10/24-11/16	♏												
11/17-12/10	♐												
12/11-12/31	♑												

2015年													
♀金星		♂火星		♃木星		♄土星		♅天王星		♆海王星		♇冥王星	
日期	星座	日期	星座	日期	星座	日期	星座	日期	星座	日期	星座	日期	星座
1/1-1/3	♑	1/1-1/12	♒	1/1-8/11	♌	1/1-6/15	♐	1/1-12/31	♈	1/1-12/31	♓	1/1-12/31	♑
1/4-1/27	♒	1/13-2/20	♓	8/12-12/31	♍	6/16-9/18	♏						
1/28-2/20	♓	2/21-3/31	♈			9/19-12/31	♐						
2/21-3/17	♈	4/1-5/12	♉										
3/18-4/11	♉	5/13-6/24	♊										
4/12-5/7	♊	6/25-8/8	♋										
5/8-6/5	♋	8/9-9/25	♌										
6/6-7/18	♌	9/26-11/12	♍										
7/19-7/31	♍	11/13-12/31	♎							☊北交		⚷凱龍	
8/1-10/8	♌									1/1-10/10	♎	1/1-12/31	♓
10/9-11/8	♍									10/11-12/31	♍		
11/9-12/5	♎												
12/6-12/30	♏												
12/31	♐												

2016 年													
♀金星		♂火星		♃木星		♄土星		♅天王星		♆海王星		♇冥王星	
日期	星座	日期	星座	日期	星座	日期	星座	日期	星座	日期	星座	日期	星座
1/1-1/23	♐	1/1-1/3	♎	1/1-9/9	♍	1/1-12/31	♐	1/1-12/31	♈	1/1-12/31	♓	1/1-12/31	♑
1/24-2/17	♑	1/4-3/6	♏	9/10-12/31	♎								
2/18-3/12	♒	3/7-5/27	♐										
3/13-4/5	♓	5/28-8/2	♏										
4/6-4/30	♈	8/3-9/27	♐										
5/1-5/24	♉	9/28-11/9	♑										
5/25-6/17	♊	11/10-12/19	♒							☊北交		⚷凱龍	
6/18-7/12	♋	12/20-12/31	♓							1/1- 12/31	♍	1/1- 12/31	♓
7/13-8/5	♌												
8/6-8/30	♍												
8/31-9/23	♎												
9/24-10/18	♏												
10/19-11/12	♐												
11/13-12/7	♑												
12/8-12/31	♒												

2017年													
♀金星		♂火星		♃木星		♄土星		♅天王星		♆海王星		♇冥王星	
日期	星座	日期	星座	日期	星座	日期	星座	日期	星座	日期	星座	日期	星座
1/1-1/3	♒	1/1-1/28	♓	1/1-10/10	♎	1/1-12/20	♐	1/1-12/31	♈	1/1-12/31	♓	1/1-12/31	♑
1/4-2/3	♓	1/29-3/10	♈	10/11-12/31	♏	12/21-12/31	♑						
2/4-4/3	♈	3/11-4/21	♉										
4/4-4/28	♓	4/22-6/4	♊										
4/29-6/6	♈	6/5-7/20	♋										
6/7-7/5	♉	7/21-9/5	♌										
7/6-7/31	♊	9/6-10/22	♍										
8/1-8/26	♋	10/23-12/9	♎										
8/27-9/20	♌	12/10-12/31	♏							☊北交		⚷凱龍	
9/21-10/14	♍									1/1-4/28	♍	1/1-12/31	♓
10/15-11/7	♎									4/29-12/31	♌		
11/8-12/1	♏												
12/2-12/25	♐												
12/26-12/31	♑												

2018 年													
♀金星		♂火星		♃木星		♄土星		♅天王星		♆海王星		♇冥王星	
日期	星座	日期	星座	日期	星座	日期	星座	日期	星座	日期	星座	日期	星座
1/1-1/18	♑	1/1-1/26	♏	1/1-11/8	♏	1/1-12/31	♑	1/1-5/15	♈	1/1-12/31	♓	1/1-12/31	♑
1/19-2/10	♒	1/27-3/17	♐	11/9-12/31	♐			5/16-11/6	♉				
2/11-3/6	♓	3/18-5/16	♑					11/7-12/31	♈				
3/7-3/31	♈	5/17-8/13	♒										
4/1-4/24	♉	8/14-9/11	♑										
4/25-5/19	♊	9/12-11/15	♒										
5/20-6/13	♋	11/16-12/31	♓							☊北交		⚷凱龍	
6/14-7/10	♌									1/1-11/16	♌	1/1- 4/17	♓
7/11-8/6	♍									11/17-12/31	♋	4/18-9/26	♈
8/7-9/9	♎											9/27-12/31	♓
9/10-10/31	♏												
11/1-12/2	♎												
12/3-12/31	♏												

2019 年													
♀金星		♂火星		♃木星		♄土星		♅天王星		♆海王星		♇冥王星	
日期	星座	日期	星座	日期	星座	日期	星座	日期	星座	日期	星座	日期	星座
1/1-1/7	♏	1/1	♓	1/1-12/2	♐	1/1-12/31	♑	1/1-3/6	♈	1/1-12/31	♓	1/1-12/31	♑
1/8-2/3	♐	1/2-2/14	♈	12/3-12/31	♑			3/7-12/31	♉				
2/4-3/1	♑	2/15-3/31	♉										
3/2-3/26	♒	4/1-5/16	♊										
3/27-4/20	♓	5/17-7/1	♋										
4/21-5/15	♈	7/2-8/18	♌										
5/16-6/9	♉	8/19-10/4	♍										
6/10-7/3	♊	10/5-11/19	♎										
7/4-7/28	♋	11/20-12/31	♏							☊北交		⚷凱龍	
7/29-8/21	♌									1/1- 12/31	♋	1/1- 2/18	♓
8/22-9/14	♍											2/19-12/31	♈
9/15-10/8	♎												
10/9-11/1	♏												
11/2-11/26	♐												
11/27-12/20	♑												
12/21-12/31	♒												

2020 年

♀金星		♂火星		♃木星		♄土星		♅天王星		♆海王星		♇冥王星	
日期	星座	日期	星座	日期	星座	日期	星座	日期	星座	日期	星座	日期	星座
1/1-1/13	♒	1/1-1/3	♏	1/1-12/19	♑	1/1-3/22	♑	1/1-12/31	♉	1/1-12/31	♓	1/1-12/31	♑
1/14-2/7	♓	1/4-2/16	♐	12/20-12/31	♒	3/23-7/1	♒						
2/8-3/5	♈	2/17-3/30	♑			7/2-12/17	♑						
3/6-4/3	♉	3/31-5/13	♒			12/18-12/31	♒						
4/4-8/7	♊	5/14-6/28	♓										
8/8-9/6	♋	6/29-12/31	♈										
9/7-10/2	♌									☊北交		⚷凱龍	
10/3-10/28	♍									1/1- 6/4	♋	1/1- 12/31	♈
10/29-11/21	♎									6/5-12/31	♊		
11/22-12/15	♏												
12/16-12/31	♐												

2021年													
♀金星		♂火星		♃木星		♄土星		♅天王星		♆海王星		♇冥王星	
日期	星座	日期	星座	日期	星座	日期	星座	日期	星座	日期	星座	日期	星座
1/1-1/8	♐	1/1-1/6	♈	1/1-5/13	♒	1/1-12/31	♒	1/1-12/31	♉	1/1-12/31	♓	1/1-12/31	♑
1/9-2/1	♑	1/7-3/4	♉	5/14-7/28	♓								
2/2-2/25	♒	3/5-4/23	♊	7/29-12/29	♒								
2/26-3/21	♓	4/24-6/11	♋	12/30-12/31	♓								
3/22-4/14	♈	6/12-7/29	♌										
4/15-5/9	♉	7/30-9/15	♍										
5/10-6/2	♊	9/16-10/30	♎										
6/3-6/27	♋	10/31-12/13	♏										
6/28-7/22	♌	12/14-12/31	♐							☊北交		⚷凱龍	
7/23-8/16	♍									1/1- 12/23	♊	1/1- 12/31	♈
8/17-9/10	♎									12/24-12/31	♉		
9/11-10/7	♏												
10/8-11/5	♐												
11/6-12/31	♑												

2022 年													
♀ 金星		♂ 火星		♃ 木星		♄ 土星		♅ 天王星		♆ 海王星		♇ 冥王星	
日期	星座	日期	星座	日期	星座	日期	星座	日期	星座	日期	星座	日期	星座
1/1-3/6	♑	1/1-1/24	♐	1/1-5/10	♓	1/1-12/31	♒	1/1-12/31	♉	1/1-12/31	♓	1/1-12/31	♑
3/7-4/5	♒	1/25-3/6	♑	5/11-10/28	♈								
4/6-5/2	♓	3/7-4/15	♒	10/29-12/20	♓								
5/3-5/28	♈	4/16-5/24	♓	12/21-12/31	♈								
5/29-6/23	♉	5/25-7/5	♈										
6/24-7/18	♊	7/6-8/20	♉										
7/19-8/11	♋	8/21-12/31	♊							☊ 北交		⚷ 凱龍	
8/12-9/5	♌									1/1- 12/31	♉	1/1- 12/31	♈
9/6-9/29	♍												
9/30-10/23	♎												
10/24-11/16	♏												
11/17-12/10	♐												
12/11-12/31	♑												

2023年													
♀金星		♂火星		♃木星		♄土星		♅天王星		♆海王星		♇冥王星	
日期	星座	日期	星座	日期	星座	日期	星座	日期	星座	日期	星座	日期	星座
1/1-1/3	♑	1/1-3/25	♊	1/1-5/16	♈	1/1-3/7	♒	1/1-12/31	♉	1/1-12/31	♓	1/1-3/23	♑
1/4-1/27	♒	3/26-5/20	♋	5/17-12/31	♉	3/8-12/31	♓					3/24-6/11	♒
1/28-2/20	♓	5/21-7/10	♌									6/12-12/31	♑
2/21-3/16	♈	7/11-8/27	♍										
3/17-4/11	♉	8/28-10/12	♎										
4/12-5/7	♊	10/13-11/24	♏										
5/8-6/5	♋	11/25-12/31	♐										
6/6-10/9	♌												
10/10-11/8	♍									☊北交		⚷凱龍	
11/9-12/4	♎									1/1-7/12	♉	1/1-12/31	♈
12/5-12/29	♏									7/13-12/31	♈		
12/30-12/31	♐												

2024 年													
♀金星		♂火星		♃木星		♄土星		♅天王星		♆海王星		♇冥王星	
日期	星座	日期	星座	日期	星座	日期	星座	日期	星座	日期	星座	日期	星座
1/1-1/23	♐	1/1-1/4	♐	1/1-5/25	♉	1/1-12/31	♓	1/1-12/31	♉	1/1-12/31	♓	1/1-1/21	♑
1/24-2/16	♑	1/5-2/13	♑	5/26-12/31	♊							1/22-9/1	♒
2/17-3/11	♒	2/14-3/22	♒									9/2-11/19	♑
3/12-4/5	♓	3/23-4/30	♓									11/20-12/31	♒
4/6-4/29	♈	5/1-6/9	♈										
4/30-5/23	♉	6/10-7/20	♉										
5/24-6/17	♊	7/21-9/4	♊							☊北交		⚷凱龍	
6/18-7/11	♋	9/5-11/4	♋							1/1- 12/31	♈	1/1- 12/31	♈
7/12-8/5	♌	11/5-12/31	♌										
8/6-8/29	♍												
8/30-9/23	♎												
9/24-10/17	♏												
10/18-11/11	♐												
11/12-12/7	♑												
12/8-12/31	♒												

2025 年													
♀金星		♂火星		♃木星		♄土星		♅天王星		♆海王星		♇冥王星	
日期	星座	日期	星座	日期	星座	日期	星座	日期	星座	日期	星座	日期	星座
1/1-1/3	♒	1/1-1/6	♌	1/1-6/9	♊	1/1-5/25	♓	1/1-7/7	♉	1/1-3/30	♓	1/1-12/31	♒
1/4-2/4	♓	1/7-4/18	♋	6/10-12/31	♋	5/26-9/1	♈	7/8-11/8	♊	3/31-10/22	♈		
2/5-3/27	♈	4/19-6/17	♌			9/2-12/31	♓	11/9-12/31	♉	10/23-12/31	♓		
3/28-4/30	♓	6/18-8/6	♍										
5/1-6/6	♈	8/7-9/22	♎										
6/7-7/4	♉	9/23-11/4	♏										
7/5-7/31	♊	11/5-12/15	♐										
8/1-8/25	♋	12/16-12/31	♑										
8/26-9/19	♌									☊北交		⚷凱龍	
9/20-10/13	♍									1/1- 1/29	♈	1/1- 12/31	♈
10/14-11/6	♎									1/30-12/31	♓		
11/7-11/30	♏												
12/1-12/24	♐												
12/25-12/31	♑												

2026 年													
♀ 金星		♂ 火星		♃ 木星		♄ 土星		♅ 天王星		♆ 海王星		♇ 冥王星	
日期	星座	日期	星座	日期	星座	日期	星座	日期	星座	日期	星座	日期	星座
1/1-1/17	♑	1/1-1/23	♑	1/1-6/30	♋	1/1-2/14	♓	1/1-4/26	♉	1/1-1/26	♓	1/1-12/31	♒
1/18-2/10	♒	1/24-3/2	♒	7/1-12/31	♌	2/15-12/31	♈	4/27-12/31	♊	1/27-12/31	♈		
2/11-3/6	♓	3/3-4/9	♓										
3/7-3/30	♈	4/10-5/18	♈										
3/31-4/24	♉	5/19-6/28	♉										
4/25-5/19	♊	6/29-8/11	♊										
5/20-6/13	♋	8/12-9/28	♋							☊ 北交		⚷ 凱龍	
6/14-7/9	♌	9/29-11/25	♌							1/1-8/18	♓	1/1-6/19	♈
7/10-8/6	♍	11/26-12/31	♍							8/19-12/31	♒	6/20-9/18	♉
8/7-9/10	♎											9/19-12/31	♈
9/11-10/25	♏												
10/26-12/4	♎												
12/5-12/31	♏												

2027 年													
♀金星		♂火星		♃木星		♄土星		♅天王星		♆海王星		♇冥王星	
日期	星座	日期	星座	日期	星座	日期	星座	日期	星座	日期	星座	日期	星座
1/1-1/7	♏	1/1-2/21	♍	1/1-7/26	♌	1/1-12/31	♈	1/1-12/31	♊	1/1-12/31	♈	1/1-12/31	♒
1/8-2/3	♐	2/22-5/14	♌	7/27-12/31	♍								
2/4-3/1	♑	5/15-7/15	♍										
3/2-3/26	♒	7/16-9/2	♎										
3/27-4/20	♓	9/3-10/15	♏										
4/21-5/14	♈	10/16-11/25	♐										
5/15-6/8	♉	11/26-12/31	♑										
6/9-7/3	♊												
7/4-7/27	♋									☊北交		⚷凱龍	
7/28-8/20	♌									1/1-12/31	♒	1/1-4/14	♈
8/21-9/14	♍											4/15-12/31	♉
9/15-10/8	♎												
10/9-11/1	♏												
11/2-11/25	♐												
11/26-12/19	♑												
12/20-12/31	♒												

2028 年													
♀金星		♂火星		♃木星		♄土星		♅天王星		♆海王星		♇冥王星	
日期	星座	日期	星座	日期	星座	日期	星座	日期	星座	日期	星座	日期	星座
1/1-1/13	♒	1/1-1/3	♑	1/1-8/24	♍	1/1-4/13	♈	1/1-12/31	♊	1/1-12/31	♈	1/1-12/31	♒
1/14-2/7	♓	1/4-2/10	♒	8/25-12/31	♎	4/14-12/31	♉						
2/8-3/4	♈	2/11-3/19	♓										
3/5-4/3	♉	3/20-4/27	♈										
4/4-8/7	♊	4/28-6/7	♉										
8/8-9/5	♋	6/8-7/20	♊										
9/6-10/2	♌	7/21-9/4	♋							☊北交		⚷凱龍	
10/3-10/27	♍	9/5-10/24	♌							1/1- 3/7	♒	1/1- 12/31	♉
10/28-11/21	♎	10/25-12/21	♍							3/8-12/31	♑		
11/22-12/25	♏	12/22-12/31	♎										
12/26-12/31	♐												

PLANISPHÆR

國家圖書館出版品預行編目資料

世界最準愛情占星術／芝蘭老師著.
－－第一版－－臺北市：知青頻道出版；
紅螞蟻圖書發行，2021.6
面 ； 公分－－(Easy Quick；175)
ISBN 978-986-488-217-5（平裝）

1.占星術

292.22　　110007038

Easy Quick 175

世界最準愛情占星術

作　　者／芝蘭老師
發 行 人／賴秀珍
總 編 輯／何南輝
校　　對／周英嬌、芝蘭老師
美術構成／沙海潛行
封面設計／引子設計
出　　版／知青頻道出版有限公司
發　　行／紅螞蟻圖書有限公司
地　　址／台北市內湖區舊宗路二段121巷19號（紅螞蟻資訊大樓）
網　　站／www.e-redant.com
郵撥帳號／1604621-1　紅螞蟻圖書有限公司
電　　話／(02)2795-3656（代表號）
傳　　真／(02)2795-4100
登 記 證／局版北市業字第796號
法律顧問／許晏賓律師
印 刷 廠／卡樂彩色製版印刷有限公司
出版日期／2021年 6 月　第一版第一刷

定價 360 元　港幣 120 元

ISBN 978-986-488-217-5　　Printed in Taiwan